読んで納得

やって体感

人生を大きく飛躍させる

成功ワーク

レノンリー・佐々木孝

まえがき

この本を手に取っていただき感謝します。

これは、あなたの身体を使って成功法則を体感する本です。

過去の成功法則を以下の点で超えています。

- **成功法則をワークで実感できます。**
- **自分に合った成功法則や目標をつくれます。**
- **あなたの身体から情報を引き出すことができます。**

つまり『**書いてある体感ワークを行えば、あなた自身の潜在能力を引き出すことができ、最もあなたに合った方法で無理なく成功することができる**』ということです。


今までの成功法則は、誰かが成功した方法です。

たった一人の成功体験から書かれたものから、大勢の成功者の共通項から書かれたものもありますが、すべてが他人の成功法則です。

でも、成功法則を勉強された方は少なからず感じているはずです。「これは私には合わない」と。

成功の定義はその人によって違うはずです。

各人の性格、体力、年齢、友人関係、経験、環境、価値観。完全に同じ人はいません。

成功するまでのアプローチ法も違うはずです。

つまり「野球」で成功したいと思っているあなたが「卓球」の成功法則を学んでも成功できません。

スポーツは種類に限りがありますが、人ははるかに多様な特徴を持っています。

あなたの個性を知り、それに合った最善の成功法則を体感ワークで確認できれば、成功の確率は飛躍的に高まります。

「体感」を使うので、知識としてではなく、身体全体で理解できます。

その結果、あなたは次のような成果を感じることができるようになります。

体感ワークの優位性

・すべてがあなたの身体で体感できるので納得でき、学んだことが定着します。

ラーニングピラミッドという考え方によると、学習の定着率は学習方法に左右されます。

講義を受けただけなら5％、読書をすれば10％、視聴覚を導入すると20％、グループ討議をすれば50％、自ら体験すれば75％と言われています。

http://crd.ndl.go.jp/reference/modules/d3ndlcrdentry/index.php?page=ref_view&id=1000166891

この本は体験型ですから、普通の読書に比べ７・５倍もの高い定着率が期待できます。

さらにこの本を読めばこんなこともできます。

・あなたに備わっている大きな能力を引き出します。

・流行に左右されません。一生使える自分の軸が手に入ります。

・やるべきこととやるべきでないことが一瞬で判断できるようになります。

・あなたがやり方をマスターすれば、周囲の大切な人にも教えることで感謝されます。

私は武術家として酔拳の世界チャンピオンになりました。

２５００年の歴史を持つ孫子の武学を極める過程で、自分と相手のエネルギーのコントロールの仕方を学びました。

さらに、各方面で世界を代表するプロフェッショナルに教えを請いました。

そのおかげで２００９年 国際武術大会（香港）で酔拳の世界チャンピオンになりました。

そして自分の複数のビジネスを成功させました。

今回佐々木孝氏の力を借り、学んだことを成功法則というひとつの切り口でまとめました。楽しみながら、活用してください。

佐々木孝より

レノンリー氏と出会ったのは、あるセミナーでした。

偶然、私の隣の席に座ったのがご縁で、何氣ない会話から親交が始まりました。

最初から彼の言葉には驚かされました。


「○○を学びにXさんに会いに行った」

一般人にはとても会えるような人ではなく、疑い深い私は、彼のサイトの写真を見てそれが真実なのを確認しました。

またある時は、「○○を確かめにY国に行った」と平然と言いますが、普通は行けない国なのです。

彼は今でも世界を飛び回っています。


さらに驚かされたのは、彼の持っている莫大な知恵の量です。

成功者から話をうかがうと素晴らしい知恵が出てきますが、たいていはすぐに出尽くすものです。

しかし彼の言葉は止まることがありません。

そして、その一つひとつが聞いたことのない貴重なものでした。

一般的なビジネスノウハウにとどまらず、歴史、心理学、医学、格闘術、教育、法律などあらゆる分野に及びます。

彼は他では聞けない貴重な情報を、惜しげもなく話してくれました。

ある日私は前々から知りたかった、ひとつの質問をぶつけました。

「誰もが成功できるような今までにない成功法則をご存知ありませんか？」

私は業種の異なる7つの仕事を一から立ち上げ運営しています。

そのノウハウを活かしてコンサルティングも行っています。

しかし、能力のあるクライアントでも、成功できない人がいることで悩んでいました。

今までの成功法則は「Aを達成するにはBをすれば良い」という画一的なもののため、うまくいかない人が多いのです。

「一般的に教えられている成功法則を学んだだけでは誰もが成功できるわけではない」

と感じていた私に、彼はあっさり「ええ、ありますよ」と答えました。

そこで私は、彼から教えを受けることとなりました。

そして出来上がったのがこの本です。

彼の深遠な知恵を、成功法則というひとつの目的に絞りました。

あなたもこの本を読んで実際に体感すれば、きっと成功を手にすることができると思います。

■この本を読み進める上でのお願い

私たちからのお願いはたったの２つです。

①素直にやってみてください。

②やり続けるほど精度が上がるので続けてください。

基本的なやり方を書いています。

何にでも応用可能な原理原則に近いものですから、「もしかしたらこんなことにも応用できるかも？」と感じたならば、ぜひ活用してみてください。

原理原則に近ければ近いほど、いくらでも応用可能なのですから。

ワークを実践していただければ、お伝えすることが真実であると確信することができるでしょう。

もくじ

第1章 今までの成功法則を超えた新しい成功法則

01 今までの成功セミナーや成功法則本の問題点とは …… 26
02 あなたの身体に訊く方法 …… 45

第2章 あなたの身体からあなたの情報を引き出す方法

01 身体から答えを引き出すＰＱＳとは …… 54
02 身体反応から情報を引き出す方法 …… 56
03 身体反応によって有害物質を見分ける方法 …… 70
04 身体反応で体感すれば、成功法則が納得できる …… 72

第3章 心と体をコントロールする

体感ワーク01 顕在意識と潜在意識の違いを体感する …… 76
体感ワーク02 身体が全情報を持っていることを確認する方法 …… 79
体感ワーク03 身体から必要な情報を引き出す方法 …… 83
体感ワーク04 主体性を持って、真の力を発揮する …… 87
体感ワーク05 すべては自分との戦いだと腹をくくること …… 90
体感ワーク06 暗示が植え付けられていることを確認する …… 93
体感ワーク07 落ち込んだ心を整える方法 …… 96
体感ワーク08 指先を使って氣力をみなぎらせる方法 …… 99
体感ワーク09 全身で氣力をみなぎらせる方法 …… 102
体感ワーク10 つらい体験を克服する方法 …… 105
体感ワーク11 問題を最高のパフォーマンスに変える方法 …… 108
体感ワーク12 言葉によって力を変える方法 …… 111
COLUMN この本のワークについて …… 114

第4章 目標設定とイメージを持つ

体感ワーク13 鮮明なイメージが成功への力になる方法 …… 116
体感ワーク14 目標設定の重要さを認識する …… 120
体感ワーク15 自分に合った目標かどうかを確認する方法 …… 123
体感ワーク16 抽象度を上げると底知れないパワーが発揮できる …… 127
体感ワーク17 あなたの悩みを成功の力に変換する方法 …… 130
体感ワーク18 自分を変革するアファーメーションをつくる方法 …… 134
体感ワーク19 理想のあなたをつくる方法 …… 137
体感ワーク20 応援者の力を借りる方法 …… 140
体感ワーク21 情報収集があなたを成功に導く …… 144
COLUMN この本の基礎となっている孫子について …… 148

第5章 人間関係を良くする

体感ワーク22 感謝の力が10人の男を吹き飛ばす …… 150
体感ワーク23 自分へも感謝することで力が発揮できる …… 153
体感ワーク24 礼儀作法の力 …… 157
体感ワーク25 他の人を知り理解する効果 …… 161
体感ワーク26 氣持ちを伝えれば相手が変わる …… 165
COLUMN 武という文字の真の意味 …… 168

第6章 チームビルディングの力

体感ワーク27 あなたの成功はチームの人間に影響される …… 170
体感ワーク28 あなたの信念で周りの世界がつくられている …… 174
体感ワーク29 共通の敵をつくって仲間とつながる方法 …… 178
体感ワーク30 チーム全体での目配りが生み出す力 …… 182
COLUMN 勉強が嫌いだった私が知識を身につけた方法 …… 186

第7章 成功法則を日常に取り入れる

01 毎日行えば確実に結果を出せる …… 188
02 最初に行うこと …… 190
03 朝起きたら行うこと …… 192
04 困った時、悩んだ時に行うこと …… 193
05 お客様と接する時に行うこと …… 196
06 友人や仲間と接する時に行うこと …… 197
07 ここ一番という時に行うこと …… 198
COLUMN 体に訊ける範囲はどこまで？ …… 200

第8章 オリジナルの成功法則を作る

01 4ステップで作れる成功法則 …… 202

プロローグ

私レノンリーが、どのようにして現在に至ったのかをお伝えします。

人を殺傷・制圧する技術に、その技を磨く稽古を通じて人格の完成をめざす、といった道の理念が加わった「武道」と混同されますが、いかに戦わないか、の戦いを略す「戦略のための学び」が武学です。

これまで皇帝や軍師などの国の最高統率者に極秘に伝えられ進化発展してきた帝王学であり、一子相伝で伝わってきました。有名な「孫子の兵法」は武学の一部です。

武学の伝承者である師匠との偶然の出会いがあって、武学を伝えられることになりましたが、奥が深く、一朝一夕で伝えられるものではありません。

実際に皇帝や軍師などの国の最高統率者も、長い期間の訓練で身につけてきました。

武学をわかりやすく説明すると、「エネルギーのコントロール」と「徳を積んだ人格者を目指す」という2つに集約されます。

自分と他者のエネルギーのコントロール法を身につければ、ビジネスで成功することは容易です。自分のエネルギーをコントロールすればいつも精力的に仕事ができますし、怒りや落ち込みなどの負のエネルギーに負けることもなくなります。

他人のエネルギーをコントロールできれば契約などでも相手からYESをもらいやすくなりますし、クレームも受けにくくなります。ですからビジネスで成功するのはたやすいのです。

私も武学を学んでからビジネスがうまくいき、年収は5000万円を超えるようになりました。

しかし、ビジネスで成功しただけでは人生の目標を達成したとは言えません。

さらに自分の人格に徳を積むことで、周りの人に良い影響を与えることが必要です。

その2つを併せ持った人が増えれば、素晴らしい世の中になると私は信じております。

本書でお伝えするのは武学の中の「自分自身のエネルギーをコントロールする方法」を基本としています。

エネルギーコントロールの対象は、大きく3つに分けられます。

①自分自身

②相手個人

③相手の集合体である集団

です。

①の自分のエネルギーをコントロールできるようになると、②と③も自然とできるようになっていきます。

では少し長くなりますが、これまでの経緯をお話しさせていただきます。

師匠との出会い

私は日本とコリアンのハーフだったことで子供の頃から壮絶な差別を経験し、生きる目的を見い出せず、強さを求め、喧嘩に明け暮れる日々を送りました。

強くなるためにさまざまな格闘技を習っていました。

そのおかげで力だけはついていてイジメられずにすむようになりました。

ある時、総合格闘技のジムで面白い人に会いました。

身長は150㎝台、体重も50kg前後の小さなおじさんです。飄々とした感じで、決して強そうな人ではありません。

「僕の道場に遊びにおいでよ」と誘われたので、自分の今の実力を試してみるか、と出かけました。

すると、その道場で大事件が起こっていました（と私は思いました）。道場破りが来たのです。これがまた背も大きく体格も良くて、空手や総合格闘技をやっている見るからに強そうな人。

その道場破りは小柄なおじさんを見下ろして「技を見せてくれ」と言いましたが、おじさんは平然と『いいですよ』と答えます。

『君が僕を壁まで押せたら君の勝ち、僕が君を壁まで押せたら僕の勝ちっていうことで押し合いをしよう。はいスタート』

なんと小柄なおじさんは、その大男をあっという間に壁まで押して行ってしまったのです。

男はあっけにとられながらも「インチキだ、リングで勝負したい」『どうぞどうぞ』と、今度はリング上で戦うことになりました。

道場破りに絶対ボコボコにされる……と思っていたのですが、驚きの展開です。

なんと、よそ見をしながら道場破りを見ずに、片手でさばいて倒してしまうのです。

それも1回だけではなく何度も何度も。

映画マトリックスのクライマックスで覚醒したネオが、スミスを片手で対応したのと同じ映像が目の前で展開されていました。

目の前で起こっていることが信じられませんでしたが、「この人こそ自分の求めていた人だ」と確信して弟子入りを願い出ました。

これが師匠との出会いでした。この師匠こそが古来から伝わる武学の継承者だったのです。

「武学」を知る

こうして弟子になった私は、ワクワクして初日を迎えました。

「先生、今日から入門よろしくお願いします！」

やっと求めていたものが手に入ると意氣込んでいる私に『で、何しに来たの？』と尋ねるのです。


「強い男になりたいです」

『強い男って何？』

「格闘技世界一に勝てる男です」

『アホか？　格闘技世界一は全然強くないぞ』

と言われました。


「勝てないじゃないですか、世界一ですよ？」

と言ったら、

『本当に強いってどういうことか知らないんだな……』
と呆れています。

その時、師匠から伝えられたこと。

■世界格闘技選手権で1位になった奴が、もしアメリカ大統領とかSWATと喧嘩したらどうなる？
10秒持たずに銃で撃たれておしまいだから、全然強くない。
■最強になりたいなら、徳のある人間になることだ。
■人としてより高い次元の精神力、精神性を持った人になれば、それは人々から大切にされ、いかなる人からも敵とされない無敵の状態になる。
■負けない状態になるための学びを「武学」という。

生まれて初めて「武学」という言葉を聴いた瞬間でした。
それは私が21歳の時です。

そして師匠からさまざまな「武学」の知恵を伝えられました。

ある時、『寝ている間にお尻をかいている人がいるよね？　お尻をかこうと考えていると思う？』

と言われました。

意識は5～10％であり、無意識は90～95％、身体に備わった機能を活用するには、無意識領域をいかに活用するかが大切になってきます。

戦いでは、相手を読もうとすると確実にやられます。

相手の心を無意識に自分に映すようにすると、相手の動きと一体化します。

無意識で動けることが奥義と知りました。

こうした体験から潜在意識を使う方法を体得していきました。

師匠の下でトレーニングを重ねるうちに、武術大会にも出場するようになりました。

２００６年　兵庫のじぎく国体武術競技優勝

２００９年　国際武術大会（香港）チャンピオン（酔拳・武器術）

２０１０年　世界伝統武術大会チャンピオン（酔拳）

こうした成果で自分の成長を確認できました。

前にも述べましたが、武学は成功法則でもありますから、ビジネスの世界でもそのまま使えます。

おかげで設立した会社も成功し、年収は５０００万円を上回るようになりました。

転機

この頃、会社を立ち上げ、武学も学び、外見上は順風満帆のように見えていたと思いますが、「自分は誰なんだ？」という想いは消えるどころかますます強くなっていました。

人は「倒産」「闘病」「投獄」で変わると言いますが、私の場合も同じでした。

唯一の理解者である兄が癌となり、私の全財産を治療に提供するも帰らぬ人となってしまったのです。


私も兄と一緒に精一杯闘病しました。

兄の癌の痛みを緩和するために、筋肉の生体反応機能を使った治療法に出会い、学びました。

たくさんのお金も使いました。

兄がこの世からいなくなることは、想定外の世界。


しばらくの間、呆然とただ時を過ごしながら考えました。

「明日死ぬとしたら、自分は何をしたいのか？」

「何を遺したいのか？」

そして兄の死と今までの経験から「より善い世の中を創る」ために「持っている知恵を楽しく伝えて人を育てる」ことが私の目的である、と確信しました。

今まで雲で覆われていた空が晴れ渡ったような感覚が訪れました。

かといって、すぐに何をしたら良いのかは思いつかなかったので、「より善い世の中を創る」私の目的に近いと感じた青年会議所・国際青年会議所（ＪＣＩ）の活動に参加することにしたのです。

すると私は世界会頭のセクレタリー（秘書）に任命され、活動することとなりました。

検証する

国際青年会議所（ＪＣＩ）の活動に参加すると海外に行く機会が増え、各国の要人と会う機会にも恵まれます。

かねてから武学を検証してみたいと考えていたので、活動と一緒にできることは何かを考えました。

そこで、世界一と言われている経営者や教育者に会いに行くことにしました。

ビル・クリントン前大統領や世界的投資家のジョージ・ソロスなどのコーチングを行った世界No・1コーチ、アンソニー・ロビンズ氏、ビルゲイツの師匠と言われている世界No・1コンサルタント、ジョン・C・マクスウェル氏、故スティーブン・R・コヴィー氏とともに、世界最大級の人事系コンサルティング会社で売上1000億円を誇る企業であるフランクリン・コヴィー社を築いた共同創業者の一人ロイス・クルーガー氏などに会いに行きました。

彼らが共通して話すのは、

「人生の質は、自分に投げかける質問の質だ」

「何のために行うのか？　その目的が明確でなければ、不明確なものを得る」

「できるかできないかではなく、やるかやらないかだ」

「コントロールできるのは自分だけだ」

といったことでした。


まとめると簡単な文章になります。

「目的を明確化し、自ら主体者として責任を引き受け行動し、自分を律すること」


私は驚きました。

師匠を通じて伝えられてきた「武学」にすべて入っていたからです。


さらに数年をかけて「どのようにすれば武学をわかりやすく伝えられるだろうか？」を考え、その伝え方を構築するとともに、理論的に裏付けることができるよう、心理学・物理学（量子論）・生物学・陽明学・日本の歴史・言語などを多岐に渡って学びました。

もちろんこうしたことを理論的に伝えているものは世の中にたくさんあります。

しかし、誰でも習得できて確実な効果が得られるか、というとそんなことはありません。

単なる知識レベルで終わってしまうものがほとんどです。

皆さんも高額なセミナーに行って氣分が高揚しても、しばらくするとまた元の生活に戻ってしまった経験をお持ちでしょう。

ある時ふと、兄の癌の痛みを緩和するために学んだ筋肉の生体反応機能を使った治療法を応用できないだろうか、と思いつきました。

専門的にはトレーニングが必要ですが、一般人でも十分使えることに氣づきました。

筋肉の生体反応機能を使うことで、誰もが自分に問いかけることができるようになるのです。

それがこの本の内容に活かされています。

一般的なセミナーでは「ただ聞くだけ」というのが多いため、学んだことがほとんど記憶に残りません。ですから帰宅すると元に戻ってしまうのです。

しかし身体で体感できたことは、大部分が感動とともに記憶に残ることに氣づきました。

それはまえがきにも書いてある、ラーニングピラミッドの話でご理解いただけると思います。

一般社団法人国際徳育協会の立ち上げ

「人として持てる力を存分に発揮し、多くの人や社会に貢献して、個人としても素晴らしい未来を創造する先駆者となる」

この武学を広く世の中に伝えて行くために、２０１２年に一般社団法人国際徳育協会を立ち上げました。

「よりわかりやすく」「誰でも習得することができる」「活用することで絶対的な効果が得られる」ことを最重点として、皆さんに武学を教えています。

本書は、武学を「誰でも再現可能な成功法則」として編集したものです。

この本では誰でもトレーニングなしで体感できる成功法則をまとめてありますが、少しトレーニングを積むと格段に精度が上がります。

国際徳育協会で一緒に活動をしてくれている仲間には、本当に感謝しています。

本書をお読みのあなたにも、ぜひ仲間の輪に入っていただきたいと心から願っております。

［第**1**章］

今までの成功法則を超えた新しい成功法則

01 今までの成功セミナーや成功法則本の問題点とは

この本を手に取ってくださったあなたは、きっと成功セミナーなどに参加したり、成功法則に関する本をお読みになったことがあると思います。

億万長者になった人の話を聞き「私もそうなりたい」と願ったことでしょう。

億万長者になるための心構えやテクニックをたくさん学んだかもしれません。

年収1億円という目標を設定し、「私は年収1億円になりました」というアファーメーションを毎日唱える人もいます。

成功セミナーを聞くために何百万円ものお金をかける人も珍しくありませんし、海外のセミナーに行く人もたくさんいます。

私自身、成功セミナーに約1億円ほどかけて、あらゆる業界の世界トップと言われる方から直接学びました。

しかし、それらのセミナーや成功本には大きな落とし穴があると申し上げます。

これからお伝えすることは、あなたの常識を覆すかもしれません。

まさに「パラダイムシフト」です。

ちょっと思い出してみてください。

そのセミナーに出ていた人の中で、その後に高い目標を達成できた人は何%くらいいましたか？

100%ですか？ それとも80%？

きっとそれよりずっと低いはずです。

私が知る限り、成功セミナーで大きく人生が好転した人はごく少数です。


成功セミナーに参加すると、たしかにその時は氣持ちが高揚します。

高い目標を設定して、それに沿ったアファーメーションをして数日を送るかもしれません。

しかしそのうちにモチベーションが下がって、氣がついたら元の生活に戻っていた。

そんな人をたくさん見てきました。


そして「あの時は氣持ちが高ぶったんだけど」と言います。

あなたもそんな人をご存知ありませんか？

もしかしたらあなたご自身も、そうした体験をしたかもしれません。


高揚した氣持ちが冷めてしまうのはなぜなのでしょう？

驚かれるかもしれませんが、今までの成功セミナーには大きな欠点があると私は考えています。

まずその欠点についてご説明いたします。

【問題その1】その目標はあなたに合っていない

多くの成功セミナーでは、大金持ちになった人や成功者が指導します。

それを聞いて、あなたもそうなりたいと思ったことでしょう。

その人は、高い目標を設定すればきっと実現すると教えたかもしれません。

その人は、どんな目標設定をあなたに提示していましたか？

もしかすると、私のように大金持ちになれますよ、と言われませんでしたか？

成功セミナーの目標は、ビジネスの成功、大きな収入の達成です。


でも人生の目的は、お金や仕事だけではありません。

家族や大切な仲間との楽しい交わりや大事な趣味。旅行や親戚付き合い。

勉強やスポーツ、ボランティア活動など、あなたの人生を有意義にするものはたくさんあります。


ところが成功セミナーでは、あなたのそうした大事なものについては触れられなかったはずです。

つまり、あなたにとっての人生の成功の定義は、そのセミナーでの定義とは違う可能性があるということです。

あなたの成功の定義をせずに、そのセミナーのやり方をそのまま実行して仮に大金が手に入ったとしても、あなたの大事にしている別のものは失われてしまうかもしれません。

あなたが本当に人生を成功したいのなら、お金やビジネスだけではないバランスの取れたあなただけの目標をつくることが必要なのです。

しかし、あなたにピッタリの目標を設定するセミナーは今までありませんでした。

多くの人がセミナー後にモチベーションが下がる理由。それは、あなたに合っていない目標を設定したことです。

あなたは私に問いかけるかもしれません。

「自分にピッタリの目標をつくるのはどうしたら良いの？」

それは素晴らしい質問です。

良い質問が出ると答えが出るからです。

実は、その答えがこの本に入っています。

この本を読めば、あなたの身体に訊いて、あなたにピッタリの目標をつくることができます。

その前に、もう少しだけ今までのセミナーの欠点についてお話しさせてください。

【問題その2】その成功法則はあなたに合っていない

次は成功セミナーの２つ目の欠点です。

成功セミナーでは、物事をポジティブに考えることや情熱を持って対処するなどのたくさんの考え方が教えられます。さらに目標設定、アファーメーションなどの具体的なやり方も学びます。

ですが、実は成功法則というものは1つではありません。

いくつあると思いますか？　私は人の数だけあると思います。

例えば、あなたがチームで成功したいと考えたとしましょう。

あるセミナーでは、強いリーダーシップをもってチームを引っ張ることを教えたとします。

新しい発想と強いエネルギーでチームを引っ張っていくのです。その方法で成功を収めた人が、自分の成功法則を語ります。

あなたは「そうか、チームが成功するには情熱を持った強いリーダーが必要なのか」とそれを真似ようとしますが、なかなか体が動きません。結局、その人とあなたとでは得意なことが違うわけです。

別のセミナーでは、チームワークの大切さを教えます。「これからは情熱だけではなく、いかに全員の話を聞いてコミットするか」と説きます。

また別のセミナーでは、全員が参加する会議法を教えます。「この方法は実績があり、普遍の定理です」と断言します。

このようにチームをつくり上げる手法ひとつとっても、いろいろなやり方があります。

たしかにそのやり方で成功した人は存在しますが、それはあなたではありません。

その成功者とあなたとは、性格、体力、能力、経験、人脈、資金などすべてが異なっています。

ですから大事なのは、手法としてどれが勝っているかということではなく、どれがあなたに合っているかということなのです。

自分にピッタリの成功法則をつくり上げることが大事であるのに、中にはよりたくさんの手法を得ようとする人もいます。

ノウハウをたくさん学ぶためにセミナーや勉強会に参加しまくる、いわゆるセミナーオタクです。どんな質問にも「それ知っているよ」と教えてくれます。

でも、その人自身は成功していません。行動することなく、ただ情報だけを蓄えているのです。

もしかしたらその人は、自分に合った法則が見つからなかったのかもしれません。

そのためにモチベーションをなくしたのでしょう。


私は、あなたにはそうなってほしくありません。

あなたの人生の目標をぜひ達成してほしいと思います。


そのためにこの本を読んで、あなたに合った成功法則をつくっていただきたいのです。

あなたに合った成功法則ができれば、あなたはワクワクしてすぐに動きたくなるはずです。

あとは行動あるのみです。そうすれば、あなたは目標に向かって突き進んでいくことでしょう。


では、あなたの成功法則とは具体的にどのようなものでしょうか。

それは今のあなたが持っている個性や価値観に合った成功法則です。


例えば、あなたがおとなしくやさしい性格だとします。

それなのに押せ押せイケイケのやり方を学んだとしても、果たしてそのやり方を続けることができるでしょうか？

きっと途中で挫折してしまいます。

それよりはあなたに合った方法で、例えば他の人と心を通わせるやり方のほうがうまくいくと思いませんか。


私たちが持っている個性は性格だけではありません。

すべての人が、子供の頃に親からいろんな価値観を教え込まれています。

それによってあなたの思考、行動、習慣の基盤となる個性が形づくられてきました。


教えられた価値観には成功に役立つものもあれば、つくり変える必要があるものもあります。


ですから、まずは自分の中にどんな価値観があるのかを見つけることが必要です。

自分の中に組み込まれた「思考」「行動」「習慣」などの自分の価値観を知りましょう。

必要であれば、成功するために価値観を新しいものにつくり変えましょう。


次にあなたの身体に訊いて、あなたの個性や価値観に沿った成功法則をつくりましょう。

この本を読めば、あなたにピッタリの成功法則をつくることができます。私が保証します。


こうして出来上がった成功法則はあなたにピッタリですから、行うことは苦痛ではありません。

だから行動が持続して、成功まで進むことができるのです。

【問題その3】 そのアファーメーションはあなたに合っていない

成功セミナーでは成功法則と目標設定が話されますが、もうひとつ話されるのが『アファーメーション』です。

みなさんもアファーメーションについてはご存知と思います。

なりたい自分をイメージして、そうなったことを言葉に出して宣言することで自分の心に刻みつける方法です。

たしかにアファーメーションは強力です。

適切なアファーメーションは、あなたを理想のゴールに連れて行くのに役立ちます。

しかし、アファーメーションには危険があります。

それは、あなたの潜在意識があなたがつくったアファーメーションに拒否反応を示すことがあるのです。

もしそうなったら、そのアファーメーションは正しく機能せず、目標に到達することができなくなってしまいます。

この点をご理解いただくためには、人間の潜在意識についての説明が必要になります。

ちょっと長くなりますが、大事な点ですから辛抱してお読みください。

人間の意識は大別して2種類あります。

「顕在意識（意識）」と「潜在意識（無意識）」です。

それぞれの役割には次のものが含まれています。

「顕在意識」：「知覚」「連想・評価」「決定・対応」

「潜在意識」：「データベース」「習慣」「未知なる知恵」

一つひとつの機能を「情報の処理の順番」で見

顕在意識と潜在意識

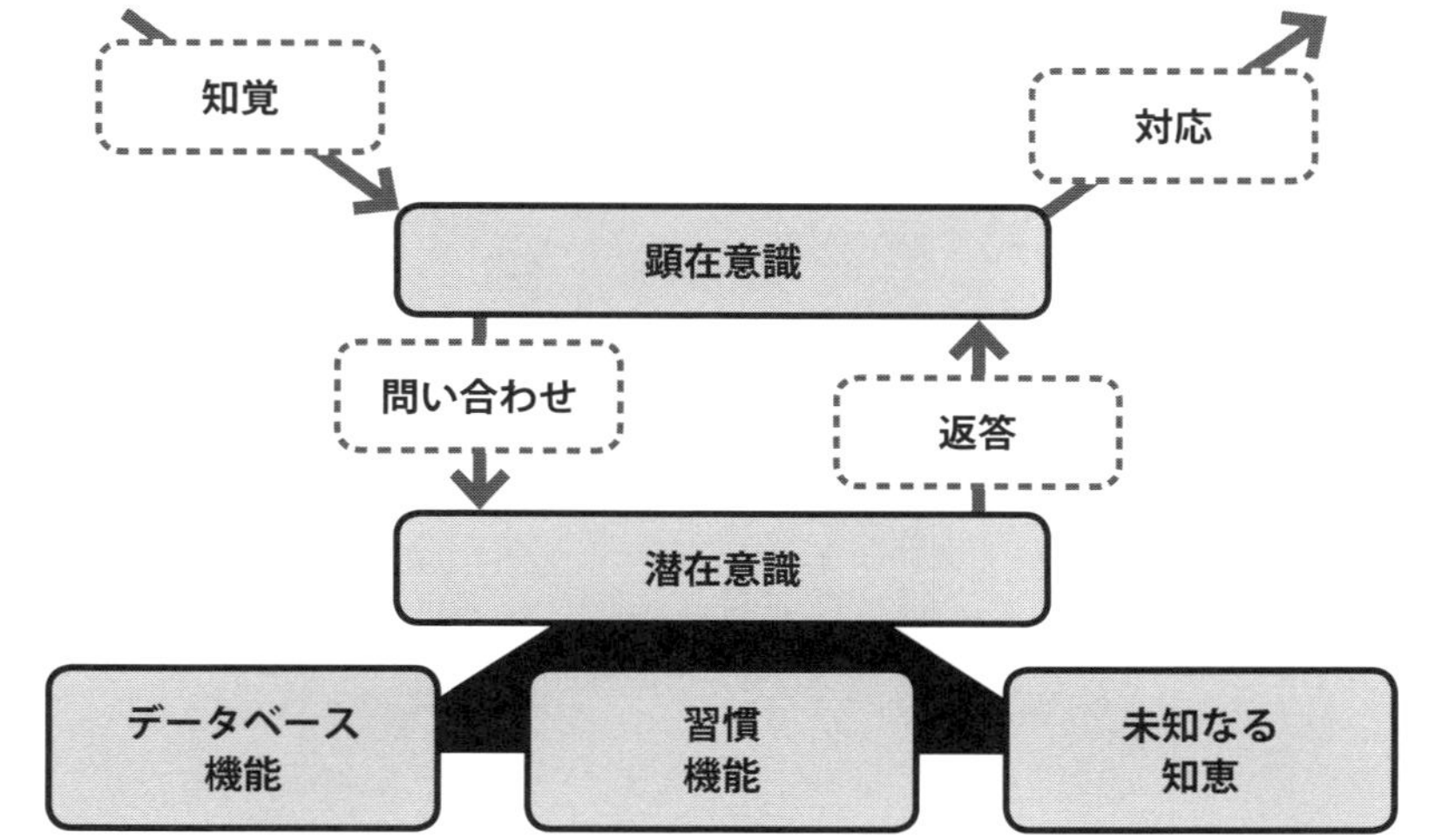

ていきましょう（「未知なる知恵」については後述します）。

①「知覚」：顕在意識の知覚機能

五感を通じて物事を知覚し、事象について見たいように見て、聞きたいように聞いたりしています。

五感から入るすべての情報を顕在意識が処理することは不可能なため、情報を抽出加工して取り入れています。そのため真実ではない情報に加工されることもあります。

②「問い合わせ」：潜在意識のデータベース・習慣機能

顕在意識で知覚すると、潜在意識のデータベース機能に情報を転送します。
顕在意識「今こんな感じなんだけど、似たような経験ある？」
潜在意識『了解。探します』
似たような経験がない場合は、新しいデータとして潜在意識に記録されます。
この時「味わっている感情」も一緒に記録します。
同じ経験をたくさん積み重ねると、潜在意識はそれを「強い信念」として記憶します。
潜在意識は「現状の維持」が仕事のため、強い信念を持つとそれを大事にします。

その信念が強くなると、新しい状況への対応が難しくなることもあります。

「いつかは1億円稼ぎたい」と願っても、潜在意識は年収５００万円の自分を記憶しています。

「今日から禁煙するぞ」と決心しても、潜在意識はタバコをおいしそうに吸っている自分を記憶しています。

③「返答」：潜在意識のデータベース・習慣機能

潜在意識は、「過去の記憶」というデータベース機能を検索して「その時の感情」を回答します。
その回答は**感情とストレス**です。

あなたはこんな経験をしたことがありませんか？

街中で一人の年長の女性を見かけました。会釈をしましたが誰だったか思い出せません。

名前も会った場所も時代も思い出せません。

でも**なんとなくほんわかした温かい氣持ち**になりました。

しばらくして子供の時に遊んでもらった隣の家の奥さんだと思い出しました。


また別の時に街中で中年男性を見かけました。誰かは思い出せませんが、**強い不安感に襲われたために**顔を合わせることなく急いでその場を立ち去りました。店番をしている時に理不尽なクレームをつけた人だったことをあとで思い出しました。

人に会った時に湧き上がってきたこの感情が、潜在意識の回答の一例です。

潜在意識は、顕在意識が忘れたこともきちんと記憶して感情をアウトプットしていたのです。

潜在意識は、データベースに情報がない場合は類似の経験を検索して回答します。


例えば、ある人が自分の年収を達成したことがない1億円にしたいと願ったとします。

その人の潜在意識は「きっと無理だ」と感じて不安な氣持ちを回答しました。

その時の潜在意識の動きを考えましょう。

まず潜在意識のデータベースには年収を1億円に上げた記憶がありません。

そのため、それと似た記憶をデータベースから検索します。

子供の頃に「大きくなったらプロ野球選手になる」と言った時、父親に「できるわけないだろ」と一蹴されて氣落ちした経験。

「○○大学に行きたい」と勇氣を持って先生に相談したものの「その成績では難しいね」とあっさり否定されて落ち込んだ経験。

そうした記憶が検索されて不安な氣持ちが回答されたわけです。


もちろん別の人の潜在意識は違うデータベースを持っているために「それは実現可能」と解釈してウキウキした氣持ちを回答するかもしれません。

このデータベースがあなたのルールをつくっています。

④「対応」：顕在意識の連想・評価、決定・対応機能

潜在意識がデータベースから検索した感情を基本にして、顕在意識は「自分にどんな影響があるか？　緊急性や必要性があるか？」を思考し決定を行います。

しかし、基本的には潜在意識のほうが影響力が強く、決定権があります。

そのため、人の行動原理は「感情で決定し、思考が裏付ける」というスタイルになります。

そうして選択された行動があなたの現状をつくり出しているわけですから、あなたの今の状態はあなたの潜在意識と顕在意識が本質的に望んでいる理想的な状態だと言えます。

たとえ悲惨で泣きたい状況であるとしてもです。

現状を変えたいのであれば、あなたの潜在意識のデータベースに新しいデータを加えて新しいルールをつくる必要があります。

そうしないと顕在意識が「つらい現状を変えたい」と願っても、より強力な潜在意識が回答する負の感情の前に力尽きてしまうからです。

そうした経験をお持ちの方もいることと思います。

ここまでお読みになって「ポジティブなアファーメーションを使って潜在意識のデータベースを変えればいいんだな」と考えた方もおられるでしょう。

たしかに潜在意識のデータベース、体験していないことでもアファーメーションによって記憶と同じように書き換えることができます。

しかし、今までのアファーメーションには重大な欠陥があります。

それは「あなたの潜在意識がポジティブだと感じる言葉をあなたは確認しているのか?」という点です。

実際に確認している人などほとんどいませんでした。

多くの方は「潜在意識がどう感じているかなんてわかるわけないよ」と思うかもしれません。

一般的にはポジティブな言葉でも、あなたの潜在意識がポジティブに感じるとは限らず、その言葉がネガティブな言葉となることもあります。

また逆に、ネガティブな言葉でもあなたの潜在意識には良い言葉と感じられる場合もあります。なぜそんなことが起こるのでしょうか?

それは今まで経験を積み重ねてきた結果、言葉に対するイメージが潜在意識のデータベースに記録されているからです。

例えば、子供の頃に心霊的な恐怖体験をした人がいたとします。

誰かに『「ツイてる」と言うと良いことが起こるよ』と言われても、その人の潜在意識には「ツイてる＝憑いてる」と定義されていたなら潜在意識は大きなストレスを回答します。

たとえその人の顕在意識が恐怖体験を忘れていたとしても、潜在意識のデータベースにはしっかりと記録されています。

だからアファーメーションの言葉を選ぶ前に、その言葉があなたの潜在意識にポジティブな言葉として記録されているかを確認することが必要なのです。

この本を読めば、あなたに身体に訊いて、あなたにピッタリのアファーメーションをつくることができます。

【問題その4】　自分の潜在能力が確認できない

成功セミナーでは「あなたの潜在能力はすごい」とか「潜在能力を引き出す」などという言葉が

使われます。

ですが、セミナーで自分の潜在能力を確認した経験が本当にありますか？

ほとんどの方がないはずです。

確認できないものを実感することができるでしょうか？

一般的にセミナーは体験型ではなく座学です。座って講義を聞くだけなので、あなたの潜在意識について確認することができません。

まれに体験型のセミナーがあったとしても、非常に高価になってしまうため一般的ではありません。

それとはまったく異なり、この本ではご自分で行えるワークが多数準備されています。

このワークを行えば、あなたの潜在能力がいかに高いかを確認できます。

私が保証します。ぜひ実行してみてください。

【問題その5】　学んだことを忘れてしまう

セミナーにおける最後の大きな問題は、学んだことを忘れてしまうという点にあります。

その時は興奮してノートを取るのですが、後から考えるとほとんど覚えていないという経験があなたにもありませんか？

　私もそんな経験をよくします。

　でも、これは聞き手の問題なのではありません。

　人間の脳のつくりがそうなっているのです。

　もう一度ラーニングピラミッドをご紹介します。

　学習の定着率は、講義（5％）→読書（10％）→視聴覚（20％）→デモンストレーション（30％）→グループ討議（50％）→自ら体験する（75％）→他の人に教える（90％）と言われています。

　つまり講義だけだと5％しか定着しないのです。

　これでは頭に残るわけがありません。

　ところが自ら体験すると75％も定着するのです。

　あなたも子供の頃に自転車に乗る練習をした経験はありませんか？

　いったん自転車に乗れると、10年乗っていなくても難なく乗ることができます。ペダルやブレーキの位置を間違えることはありませんね。これが体験で学んだ知識が定着する証拠です。

ラーニングピラミッド

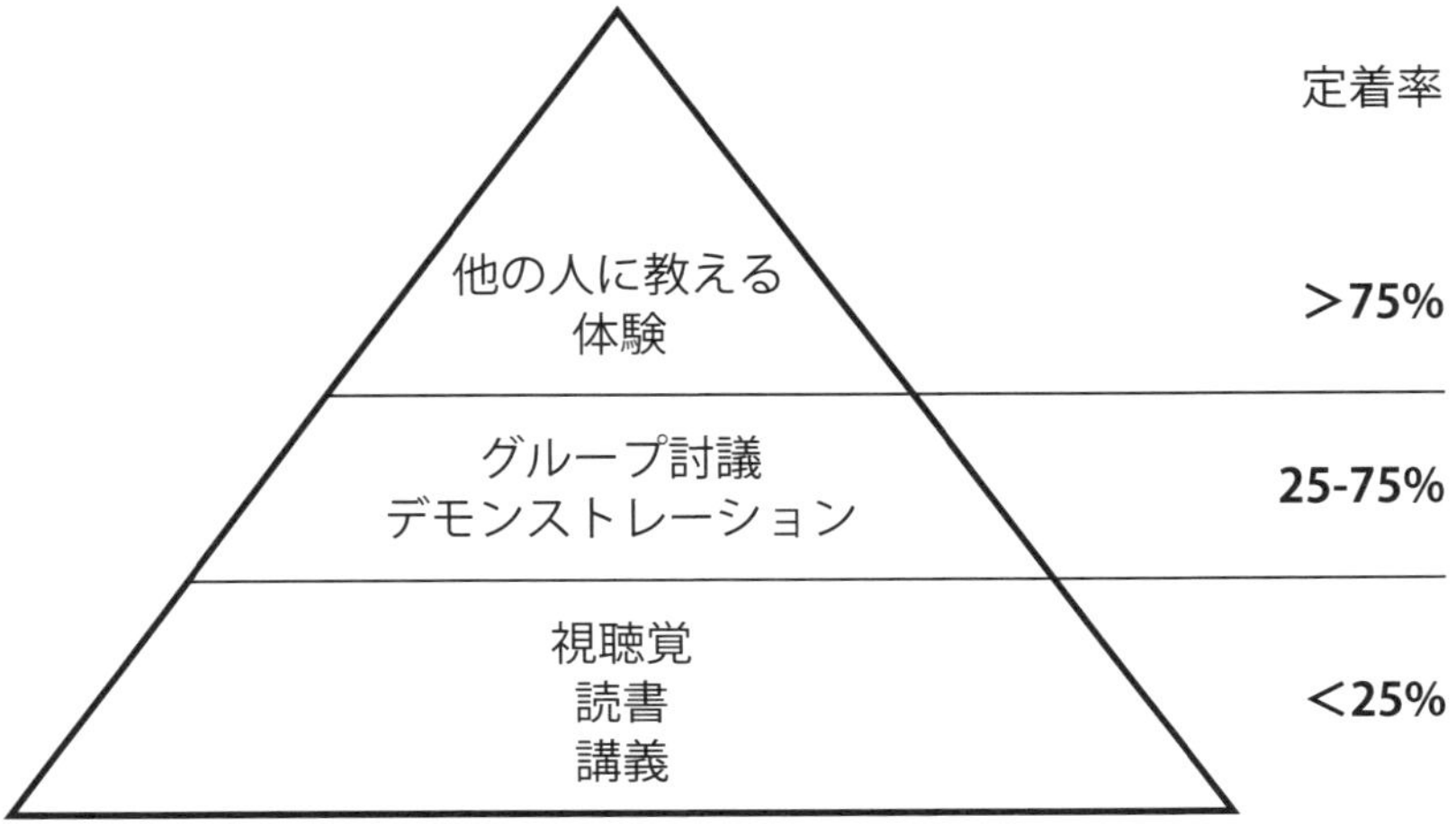

この本を読んでワークを行えば、書かれていることの大部分が記憶に定着し、実際に活用することができるのです。

まとめます。

今までの成功セミナーでは不十分です。

あなたに合った目標設定は、あなたがつくらねばなりません。

あなたに合った成功法則を、あなたはつくらねばなりません。

アファーメーションは、あなたの潜在意識がポジティブにとらえている言葉を選ばねばなりません。

体験することで自分の潜在能力を確認することができ、記憶に定着できます。

では、次に自分に合った目標設定、成功法則、アファーメーションをつくる方法をご紹介します。

『その方法とは、あなたの身体に訊くことです』

02 あなたの身体に訊く方法

1　アファーメーション、目標設定をあなたの身体に訊く

あなたの身体は何でも知っています。
何でも知っている身体に訊くと、身体は答えてくれます。

「どういう意味なのだろうか？」と疑問に思ったでしょうか？
その意味をご説明いたします。

意識全体を１００％とすると、思考が含まれる「顕在意識」は意識全体の5～10%を占めており、習慣・記憶・感覚などが含まれる「潜在意識」は意識全体の90～95%を占めています。
そして、潜在意識は顕在意識の5万倍のパワーを持つ、とも言われています。

潜在意識は、あなたが教え込まれたたくさんのルールを知っています。
それは潜在意識がデータベースであり、習慣でもありますから当然ですね。

前に学んだとおり、潜在意識はあなたが言葉をポジティブに感じるかどうかも把握しています。

実は、潜在意識は身体の筋肉と密接に連絡をしています。

ですから身体の筋肉反応を使って、潜在意識のデータベースからあなたの経験や価値観を引き出すことができます。

シンプルな方法ですが、慣れると正確な情報を引き出すことができます。

この方法を使えば、アファーメーションや目標設定があなたに合っているかを確認できます。

これからお伝えしていくワークは、2人1組となって身体に訊くものを主に掲載しています。

あなた一人で確認する方法もありますが、こちらは微細な身体の反応を判断するためのトレーニングが必要となります。

まずは本に書かれているペアワークを行ってみてください。

2　あなたの身体から訊くあなたの成功法則

身体は何でも知っているので、引き出す情報には成功法則も含まれています。

ここでいう成功法則とは、あなたの目標を達成するためのあなたに合った方法です。

一人ひとり成功のイメージは違います。

あなたの目的によって、成功に到達する手段やルートも違ってきます。

例えば、ある人はビジネス上の成功のイメージを「会社をつくって社長になって、会社をとても大きくする」と考えます。

別の人は「人形職人になって、自分の好きな人形をつくり続けてお客様に喜んでもらいたい」と考えているかもしれません。また仕事や人間関係、趣味などのバランスも人によって違うはずです。

このように成功のイメージは人それぞれによって違うわけです。

あなたの成功のイメージとなる目標が明確になればなるほど、あなたの成功するための手段も明確化されます。

まずはあなたの身体にあなたの目標を訊いてみてください。

次にあなたの身体にあなたに合う成功法則を訊いてください。

慣れてくるとあなたの身体はしっかり答えを出してくれます。

人生は約80年です（物理的に１２０年ほどが限界と言われています）。

頭に訊く（思考する）のは、経験値が今の年齢に比例しています。

ところが生体反応は、生物が地球上に現れ、ＤＮＡとして綿々と引き継がれてきているものであり、その歴史は約38億年もあるそうです。

生物として進化し、生存し続けてきたプロセスを、ＤＮＡはすべて引き継いで記録しています。あなたがＤＮＡに記録されていることを知らないだけなのです。

思考と比べると、単純計算で38億年÷１２０年＝約３千万倍の情報をＤＮＡは持っていることになります。

筋肉を生体反応機能として使い、膨大な情報を記録しているＤＮＡを有する身体に訊くほうが、より正確な判断を示すという原理なのです。

3　身体は未知なることの答えも持っている

身体に訊くことに慣れてくると、さらにいろんなことに答えてくれるようになります。

たとえそれがあなたにとって「未知なこと」であってもです（正確に表現すると、あなたが「未知なことにしているだけ」なのですが）。

人生の目標を達成するさまざまな情報を、あなたの身体は知っています。

潜在意識には、前述した個人のデータベース・感情より深いものがあるとも言われています。

人の潜在意識の奥底には、

1．他人との無意識の意思疎通
2．人類が歴史で培った価値観や知恵の蓄積
3．意識では認知できないレベルでの敏感なセンサー

が働いているように思えます（これが前項の潜在意識の説明で書いた「未知なる知恵」の正体です）。

そのために、その人の能力や経験以上のことを身体が教えてくれることもあります。ただし、身体が「こうしたほうがいいよ」と積極的にアドバイスをくれることはありません。

「訊き出す」ことが必要です。

体に訊く方法を説明するのにぴったりな例は「インターネットの検索機能」です。

インターネットの検索機能

ステップ1：検索したいキーワードを入力し、検索ボタンを押す

ステップ2：「アルゴリズム」（検索ルール）により、検索結果の一覧を表示する

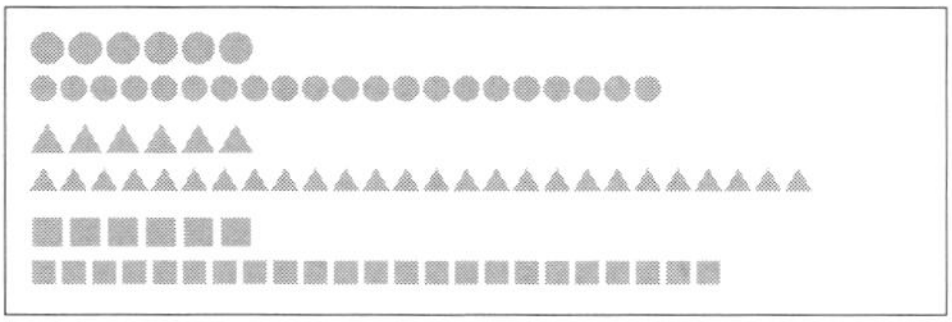

ステップ3：目的に沿った（と感じる）情報を選択し、表示させる

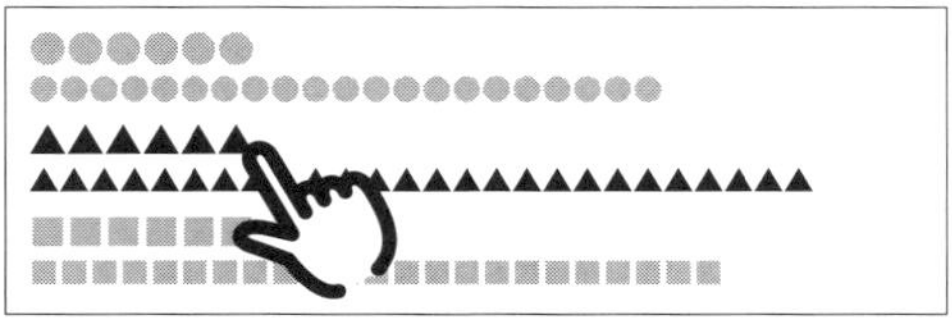

インターネットで何か情報を調べたい時、検索窓に「キーワード」を入力し、検索ボタンをクリックします。

すると「キーワード」に基づいて、「この人の調べたいと考えられること」を「アルゴリズムと呼ばれる検索ルール」により、インターネットでリンクしているすべての情報から検索し、「検索結果の一覧を表示」させます。

一覧を見たあなたは、自分の目的に沿ったと感じる情報をクリックし、表示させます。

ここで「より正確な、自分の欲しい情報を得る」ためには、どのようにしたら良いのでしょうか？

簡単です。「成功」より「成功　経営」、さらに具体的に「成功　経営　飲食店　居酒屋」のように「検索するキーワードを複数にして、より正確な情報に行き着けるようにする」ことです。

例えば「成功する」というキーワードでは、何について成功したいのかが不明確です。

武術なのか、経営なのか、仕事なのか、恋愛なのかがわかりません。

では「成功する　経営」としてみましょう。

これもまだ不明確です。

飲食店経営なのか、塾経営なのか、コンビニ経営なのかがわかりません。

よって、できるだけ細かく、自分の欲しい情報が表示されるようなキーワードを入力すればするほど、欲しい情報が表示される可能性が高くなります。

このインターネットの検索と同じことが、あなたの身体でもできると聞くと驚かれるでしょうか？
多少の練習は必要ですが可能です。

インターネットの検索と少しだけ違うのは、**身体は「Ｙｅｓの度合い」を返答する**ことです。
筋肉を生体反応機能として使うので、反応が強いかどうかで判断します。
インターネット検索のステップ２と３を同時に「身体の反応で返す」こととなります。

より具体的に、質問者であるあなたが**「明確な訊き出すための質問」をする必要**があります。
「何のために」「誰のために」「どのようになるために」を明確化して訊き出すことが最も大切です。

これができれば、今までの成功法則を超えた新しい成功法則をあなたも手に入れることができるのです。

[第**2**章]

あなたの身体から あなたの情報を 引き出す方法

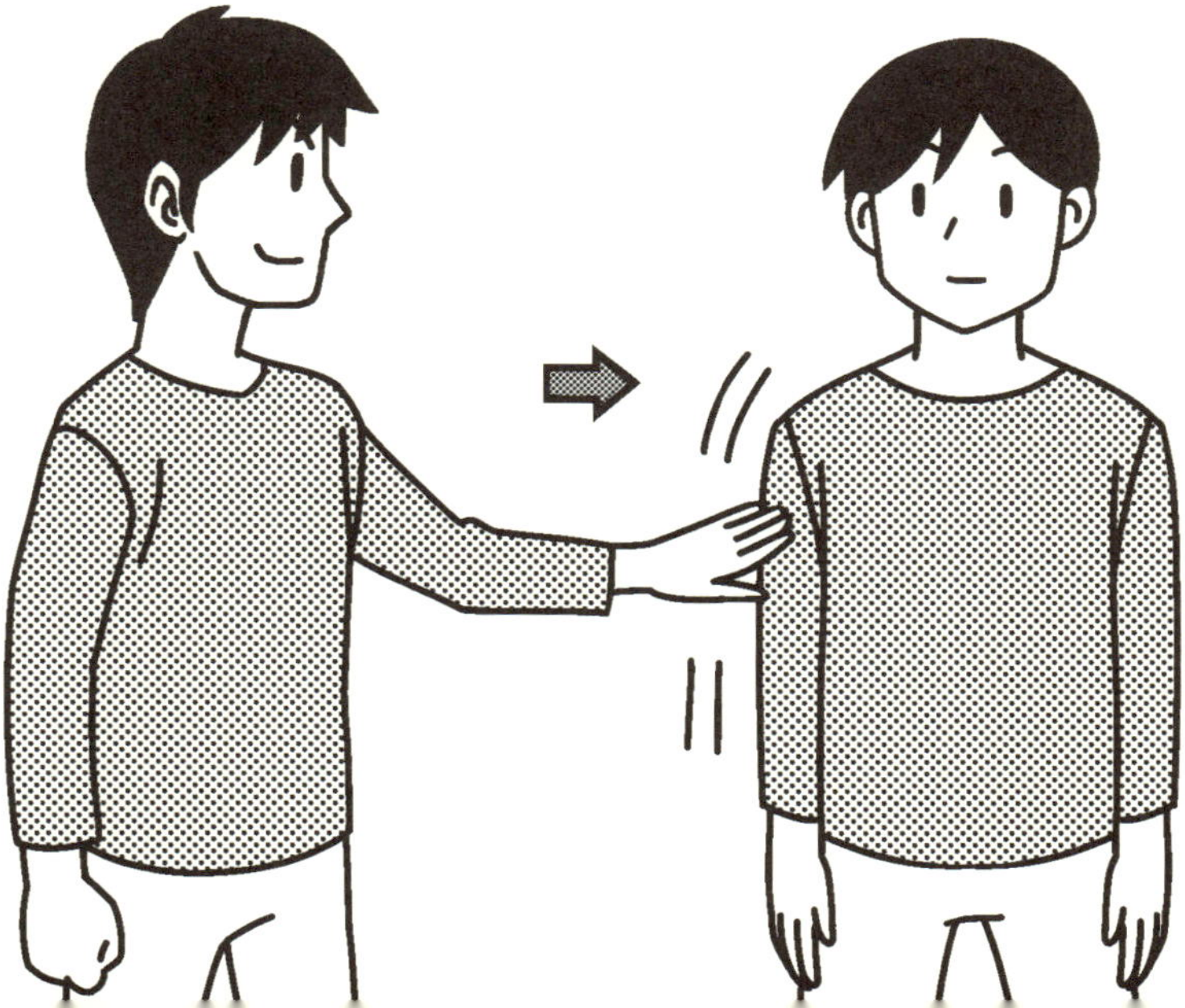

01 身体から答えを引き出すＰＱＳとは

第2章では、あなたの身体から情報を引き出す方法をお伝えしていきます。

第1章で、身体に訊くことで自分に合った目標、アファーメーション、成功法則をつくれる、未知なる情報を得られることをお話しました。

「何でも知っている身体に訊く」ということは「潜在意識から筋肉の生体反応機能を使って情報を引き出す」という意味でしたね。

具体的には、

①身体に質問をして
②潜在意識からの筋肉の生体反応機能を使って
③「Ｙｅｓ／Ｎｏ」を確認する

という方法です。

「Ｙｅｓ／Ｎｏを確認する」について「よくわからない」と疑問を感じたと思いますが、

「○○ですか？（Ｙｅｓ）」：0-5-10

「○○ではないですか？（Ｎｏ）」：0-5-10

0-5-10は、エネルギーの大きさとなり、大きければ大きいほど反応が強くなる＝はっきりとした反応が出る、ということです。

私たちはこれをフィジカル・クエスティング・システム（以降ＰＱＳとします）と名付けています。

これから、さらに具体的な行い方をお伝えしていきます。

02 身体反応から情報を引き出す方法

潜在意識は、訊かれたことが真実だと判断した時や安全だと判断した時には身体の機能を高める性質を持っています。

つまりストレスがない状態なので、脳が体の各所に信号を滞りなく送れるのです。

また、別の言葉で表現すると「氣が通りやすい」状態とも言えます。

逆に、訊かれたことが真実ではないと判断した時や危険だと判断すると、ストレス反応から身体の機能が低くなります。

例えば人見知りする人がいるとします。

身内などリラックスして話せる人の前では、伝えたいことをきちんと伝えられます。これは身体の機能が高い状態です。

しかし、演壇に立って100人の知らない人を前にすると緊張して頭の中が真っ白になって何も伝えられない、ということが起こります。これが身体の機能が低い状態です。

各種のワークを通して身体の機能の状態を観ることで、「Yes」か「No」かを判断することが

解説「氣」について

本書では、旧字の「氣」を使います。

「気」（常用漢字）と「氣」の違いは、「〆」か「米」かです。

「米」は末広がりで八方に広がることを意味し、全身から放出されるエネルギーのあるべき姿。「〆」はエネルギーを〆（しめる）となり、エネルギーが押さえ込まれている感覚となります。

「気」と「氣」のエネルギーの違いも、体感可能です。

【「気」と「氣」のどちらがエネルギーが高いかを確認する】

２人１組で行います。

❶2枚のメモにそれぞれ、「気」と「氣」の文字を書きます。

❷一人がメモを折って、書いてある文字が読めないようにします（この時、もう一人の人に見えないようにします）。

❸立ったまま立ち腕相撲をします。

❹②のメモを折っていない人が、2つのメモのうちの1つを選び、立ち腕相撲をした手と逆の手に持ちます。もう一人が残ったメモを立ち腕相撲をした手と逆の手に持ちます。

❺メモを持った状態で、立ち腕相撲をします。

❻今度はメモを交換してもう一度、立ち腕相撲をします。

❼折ってあるメモを広げて「氣」を持った時にどちらの力が強かったかを確認してみましょう。不思議なほど「氣」のメモを持った時に力が出るのに驚かれることでしょう。

できるのです。

思考を超えたレベルで身体が反応して教えてくれます。

身体に訊く方法はいろいろあります。

本書では、**2人1組で行う方法のうち、もっともわかりやすく、反応が出やすいやり方である「側推法（そくすいほう）」と「立ち腕相撲」を紹介します。**

筋肉の生体反応機能を使うので、もちろん一人でも行うことができますが、微細な感覚となるためトレーニングが必要です。

トレーニングをしなくても確認しやすい方法が、「側推法」と「立ち腕相撲」なのです。

どちらもとても簡単です。

側推法

手順1 被験者は「肩幅に足を広げ」「力を抜いて」「まっすぐに立つ」

手順2 実験者は被験者の肩を横から押す

実験者は被験者の肩を押して、その揺れ具合（動き具合）から被験者の体のエネルギー状態を知ることができます。体が揺らぐようなら、エネルギーが満ちていない状態です。エネルギーが満ちていると体は揺らがなくなります。

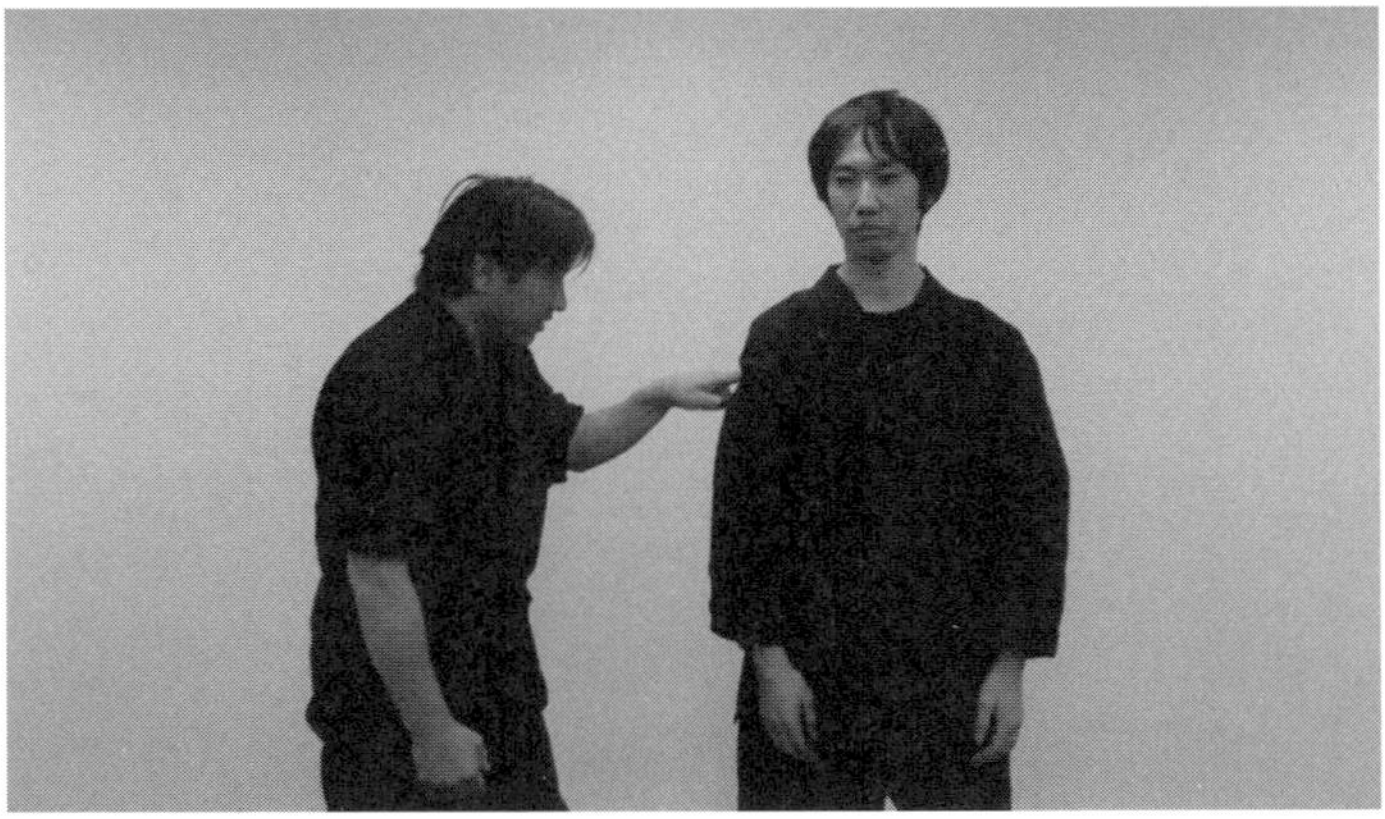

立ち腕相撲

被験者と実験者で「立ったまま腕相撲をする」

腕相撲でどちらの力が強くなったかで判断できます（腕相撲に勝ったか負けたかではなく、力の変化の具合を観ます）。

①身体に質問をして
②潜在意識からの筋肉の生体反応機能を使って
③「Ｙｅｓ／Ｎｏ」を確認する

具体的な手順をお伝えしていきます。

最初は「少し難しい」と感じるかもしれませんが、習うより慣れろで、繰り返すうちにコツがわかるようになります。

初めての方でも反応が出やすいので安心してください。

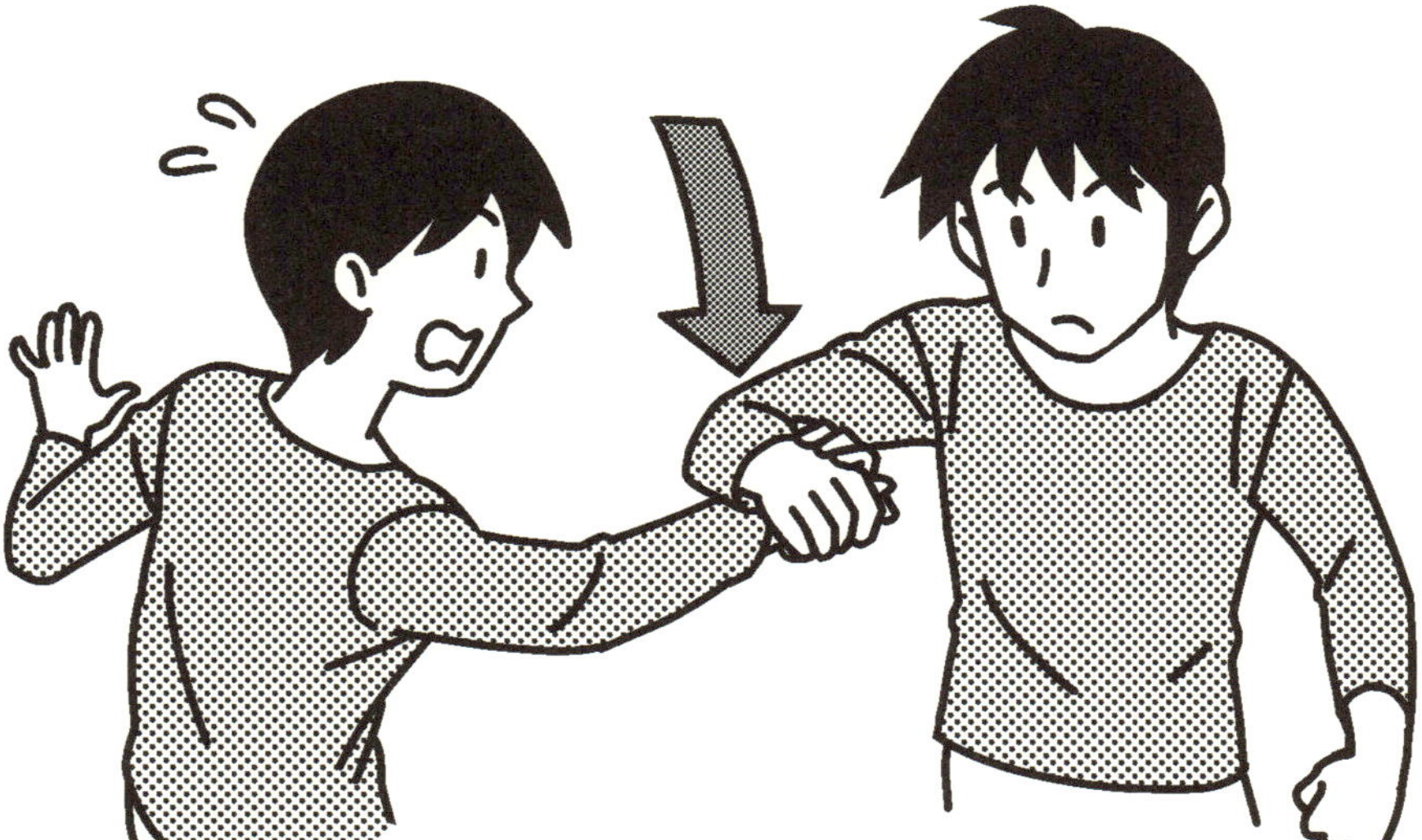

①身体に質問をする

●前準備

【自然に立つ：側推法の場合】

・「肩幅に足を広げ」「力を抜いて」「まっすぐに立つ」

姿勢の目安は、耳と肩と肘とくるぶし（足首の関節の内外両側にある突起した骨）が一直線になることです。

一般的な「きをつけ！」の姿勢とは違います。

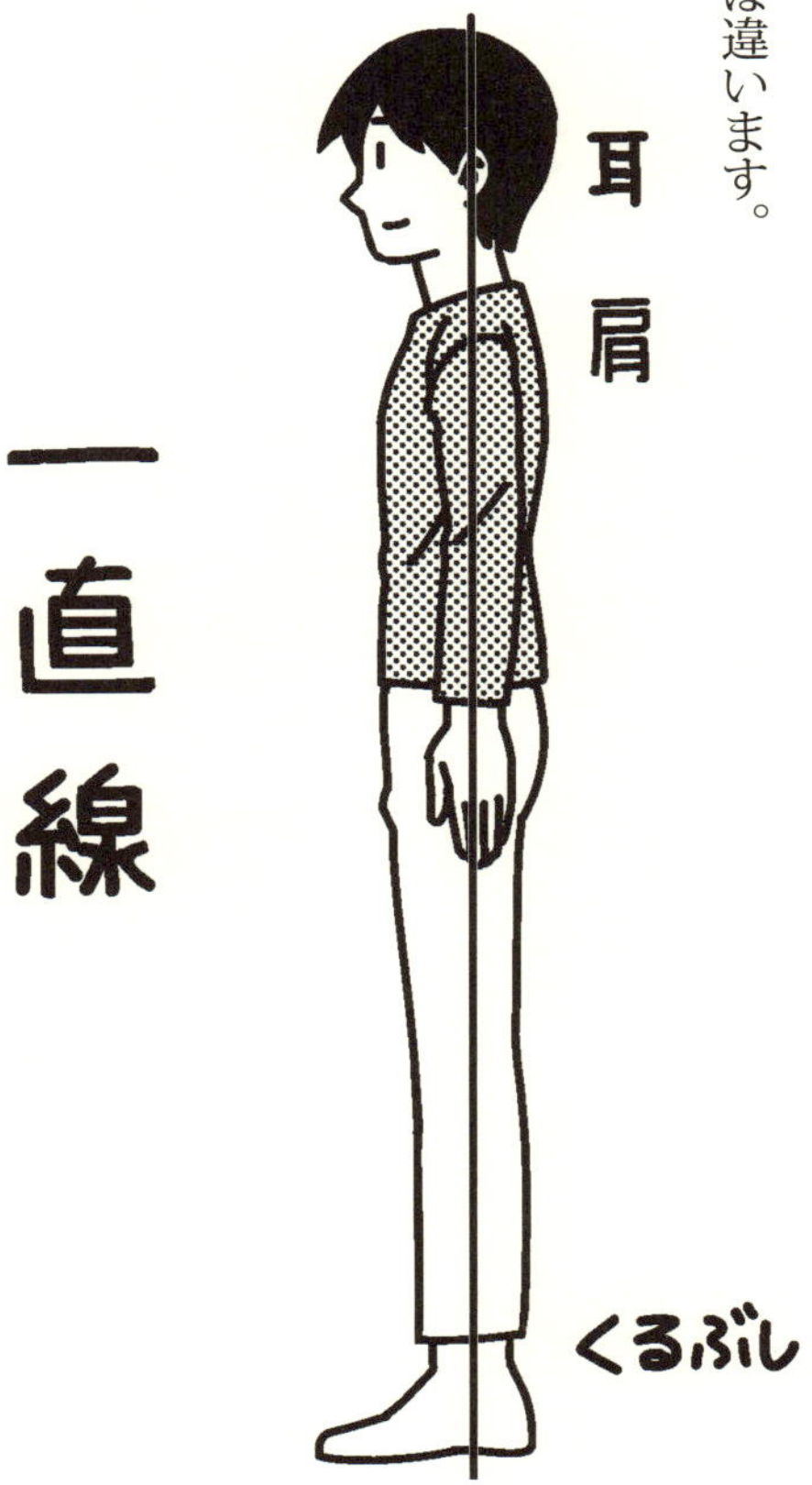

実験者は被験者の肩を押して、その揺れ具合（動き具合）から被験者の体のエネルギー状態を把握しておきます。

通常は、「Ｙｅｓの反応」＝「体が揺らがなくなる」、「Ｎｏの反応」＝「体が揺らぐ」です。

人と話したり、どこかの場所に行った時に、反応が「反転」（ＹｅｓとＮｏの状態が逆転する）ことがあります。

反応が反転することはまれですが、確認をしておきます。

●質問の目的を明確化する

・「明確な訊き出すための質問」をする必要

・「何のために」「誰のために」「どのようになるために」を明確化して訊き出すことが最も大切

質問が曖昧だと、潜在意識が判断できない場合

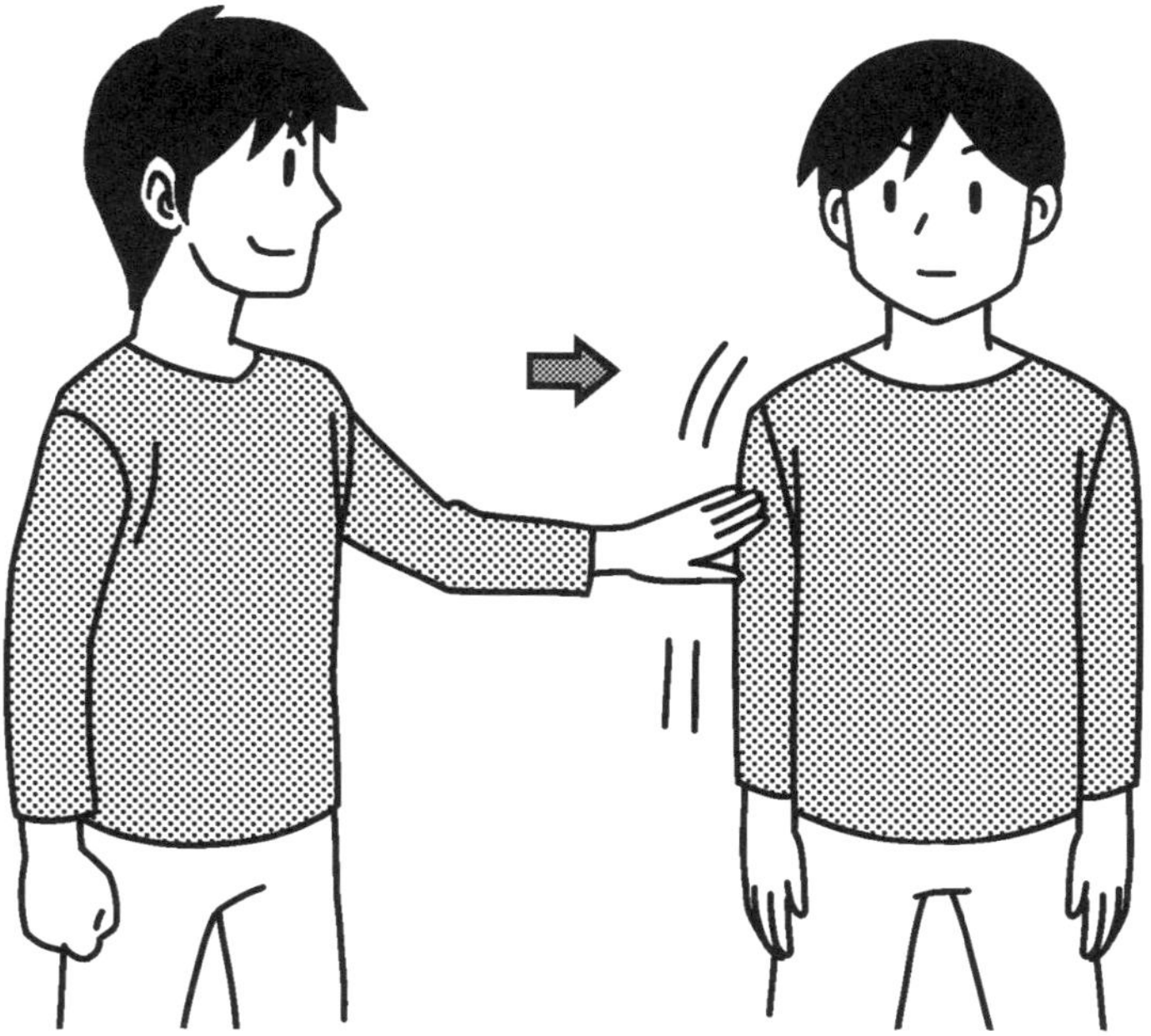

があります。

また、曖昧な答えになる可能性が高くなります。

難しく考える必要はありませんが、**質問の内容は大切**です。

例えば、目の前に2軒の和食の店があるとしましょう。

「どちらのお店が自分に合っていますか？」は曖昧な質問です。

目的を明確化することで、より正確な答えを指し示してくれます。

「私がゆったりと食事を楽しむためには、右の店が合っていますか？」といった質問をすると、より具体的になります。

つまり、**潜在意識とのコミュニケーシ**

「側推法」と「立ち腕相撲」で注意すること

「力比べ」をするのではなく、「力の変化」を観ることが目的です。

「側推法」の場合

いきなり思い切り押すのではなく、
指１本でゆっくりと押す
指２本でゆっくりと押す
指３本でゆっくりと押す
指４本でゆっくりと押す
指５本でゆっくりと押す
の順で、何本の指で押すと身体が揺らぐのかを観ます。

「立ち腕相撲」の場合

腕相撲をするのではなく、手を組んで、ゆっくりと力を入れて、エネルギーの状態（どちらのエネルギーが強いか＝力が強く出ているか）を観てください。

ヨンを楽しむのが大切です。

もしかしたら、あなたは、「先ほどの『【「氣」と「氣」のどちらがエネルギーが高いかを確認する】では、質問しなかったではないか？」と思われるかもしれません。

しかし、読んでいただいた上で実行しているので、読んだことが質問するのと同じ意味になります。

第3章以降でお伝えするワークも、項目を読んでいただければ、潜在意識に質問が自然とインストールできるようにしています。

また、お伝えする手法を応用する場合には、このことを知っておいてください。

潜在意識への質問は、YesかNoかで答えられる「クローズドクエスチョン」が必要です。

×「私がより成長するために、〇〇できるようになるには、どのようにしたら良いでしょうか？」

〇「私がより成長するために、〇〇できるようになるには、～をするのが良いでしょうか？」

いかに「Yes／No」で確認できる質問にするかが大切です。

また、同じ言葉でも生まれ育った環境が違えば、一人ひとりの潜在意識の感じ方が変わります。

潜在意識からエネルギーを引き出すには、個人的なカスタマイズが必要です。


例えば、「勉強する」という言葉を使うとエネルギーが低い状態になることがあります。

これは親から厳しく「勉強しなさい」と言われ続けたことが原因かもしれません。

ところが「勉強する」という言葉を「学習する」「学ぶ」に変えただけで、エネルギーが高くなる場合があります。


潜在意識とのコミュニケーションのためには、一人ひとりに応じた言葉が必要なのです。

②潜在意識からの筋肉の生体反応機能を使う

「側推法」か「立ち腕相撲」を使って確認します。

親子のように力の強さが違っていても、立ち腕相撲を使えます。

なぜならば、腕相撲に勝ったか負けたかで判断するのではなく、力の変わり具合を観るからです。

この時、生体反応機能を観ることだけに意識を向けてください。

テレビを見ながらすると他に意識が向いてしまい、正確な判断ができません。

③「Yes／No」を確認する

「Yes／No」は、10段階にしてみると0～10の強さで引き出されます。

例えば、目の前にAからEの5種類の服があり、今日はどれを着て行こうかといった場合には目的に応じて強さが変わるので、一番強い反応はどれなのかを確認していきます。

あなたは今日X社でプレゼンをするとします。

「今日私がX社でプレゼンをし、契約受注をするために最も適切な服は……」

「Aですか？」

「Bですか？」

「Cですか？」

「Dですか？」

「Eですか？」

と、ひとつずつ手に取るなどして、それぞれの反応を観ていきます。

その中で、最も強い反応を示した服を選択する、ということになります。

では、この方法を使って第1章の問題その1～3の3つの点を確認しましょう。

やり方は3つとも同じです。

候補を言葉で話し、**「側推法」と「立ち腕相撲」で力が発揮できるかを確認してください。**

この際、「何のために」「誰のために」「どのようになるために」を明確化した上で確認するようにしましょう。

1）あなたに合った目標設定ができているか？

あなたが設定しようとする目標を宣言します。

「私の目標は〇〇が最適ですか？」と口に出して力の反応を観ます。

いくつかのパターンの目標で実験すれば、身体の反応を実感できると思います。

その中で最も力が発揮されるものが、あなたにピッタリな目標の可能性が高いです。

2）あなたに合った成功法則を採用しようとしているか？

あなたが設定しようとする成功法則を宣言します。

「私は〇〇を行うのに向いていますか？」と口に出して力の反応を観ます。

これもいくつかのパターンの目標で実験すれば、身体の反応を実感できると思います。

その中で最も力が発揮されるものを採用すると、成功の可能性が高まります。

なお第3章以降に出てくる成功ワークを行うことでたくさんの成功法則を学べます。

その中で自分に合うものを取り入れてみてください。

3）あなたに合ったアファーメーションを採用しているか？

これも基本的には同じです。

自分が採用するアファーメーションを宣言した後に力の反応を観ます。

力の反応が強いアファーメーションは、あなたの潜在意識が喜ぶものに違いありません。

体の反応が弱いものは、潜在意識がネガティブに反応している可能性がありますから、採用を見送るのもひとつの手です。

03 身体反応によって有害物質を見分ける方法

それでは、面白い実験を行ってみましょう。
あなたの身体に訊いて、有害物質を見分ける実験です。

2つの不透明な瓶を準備します。
ひとつの瓶にはトイレ用洗剤を入れてしっかり蓋をします。
もうひとつの瓶には水を入れます。
もちろん蓋をしているので直接触れることはありません。
意識的にはどちらが身体に有害かは判断がつきません。

①どちらかを左手に持って胸に当ててみます。
②「私の身体にとって、無毒な物質ですか？」と質問をし、「側推法」か「立ち腕相撲」をします。

トイレ用洗剤を胸に当てたほうが、水を当てた時に比べて力が出なくなります。
身体（潜在意識）がトイレ用洗剤を有害物質だと判断した証拠です。

同じように、携帯の電源を切って耳に当てた時と、携帯で117の時報を聞いている時で実験してみてください。

時報を聞いている時のほうが力が出ません。

これは電磁波の影響を身体が感じているからだと考えられます。

あなたの身体には想像以上の能力を秘めていることがご理解いただけたと思います。

04 身体反応で体感すれば、成功法則が納得できる

人は本来、無限の可能性を持っています。

しかし、現実世界の中でたくさんのルールに縛られ、氣づかないうちに「枠」をつくっていきます。一般常識や周囲の人に言われ続けてきたことなどで、自己イメージ（自分に対する自分のイメージ）を固めていきます。

「私はこんな人だ」
「そんなことできっこない」
「そんな大それたこと」
「あの人だからできたこと」

誰がそのようなことを決めたのでしょうか？

あなたにはもっと大きな可能性があります。

あなたが思っているよりも、あなたの能力は高いのです。

それは自分の身体に可能性を訊いてみることで理解できます。


意識的にはＹｅｓと思っていても、身体に訊くとＮｏが返ってくるケースもあります。

その時は、あなたの能力は十分に活かされません。

例えば、あなたが誰かのやり方を真似ようとしている時などに起こることがあります。

顕在意識ではそれが自分に合っていると思ったとしても、潜在意識が受け入れていないわけです。


あなたはあなただけの唯一の存在であり、オリジナルです。

成功法則もあなたに合った方法があります。


あなたに合った方法を潜在意識から引き出すこと。

筋肉の生体反応機能を使って、体感により腑に落としていくことができます。


第３章以降では、具体的に体感ワークをお伝えしていきます。

ワークを実際に行えば、あなた自身の潜在能力を確認することができ、最短距離で成功することができるでしょう。

［ 第3章 ］

心と体をコントロールする

体感ワーク 01

顕在意識と潜在意識の違いを体感する

【このワークの目的】

顕在意識に比べて潜在意識が優れていることを確認できます。

意識全体を１００％とすると、思考は「顕在意識」の分野であり5～10％、感覚・感性・直感は「潜在意識」の分野で90～95％を占めており、潜在意識は顕在意識の５万倍のパワーを持つと言われています。

この潜在意識と顕在意識の違いを体感します。

【このワークでわかること】

潜在意識は身体と密接に連絡していることや、潜在意識と顕在意識の違いがわかります。

【やり方】

手順1 ペアでAさんBさんを決めます。

手順2 Aさんは手のひらを上にして手を差し出します。

手順3 Bさんはその上に触れる形で手を置きます（図のとおり）。

手順4 Aさんは手を左右前後に移動し、Bさんは手が離れないように**「Aさんの手の動きをよく見て」**Aさんの動きに合わせて手を動かしてください。

Bさんの手はAさんの手の動きに合わせられましたか？

手順5 次にBさんはゆっくり呼吸をして**目を閉じ**、ただ手のひらに神経を集中してください。

手順6 Aさんは前後左右に手を移動し、Bさんは手が離れないように**「目を閉じたままでAさんの手の動きを感じて」**Aさんの動きに合わせて手を動かしてください。

今度は難なく動きについていけたはずです。

【ワーク解説】

手順4と手順6の違いは、目を開けているか、閉じているかだけです。

目を開けている場合は思考（顕在意識）で判断しますが、目を閉じると潜在意識が働き出します。

これはアメリカの生理学者、ベンジャミン・リベットが行った実験です。

指の筋肉を動かそうとする時の「顕在意識が動かそうとする指令」と、「潜在意識が動かそうとする指令」のタイミングを比べたものです。

結果は「潜在意識での指令」のほうが「顕在意識の指令」よりも「先」でした。

潜在意識は顕在意識よりも優秀だったのです。

【今回の心得】

潜在意識のパワー＞顕在意識のパワー

体感ワーク

02 身体が全情報を持っていることを確認する方法

このワークの目的

あなたは身体に全情報を持っていることが確認できます。

人生の目標を達成するさまざまな情報をあなたの身体は知っています、とお伝えしました。あなたの身体に「人類が歴史で培った価値観や知恵の蓄積」が本当にあるかどうかを確認してみましょう。

「人類が歴史で培った価値観や知恵の蓄積」は、その人自身の経験を超えた部分です。

身体から訊き出した結果がどうなるのかを体感し、特に自分の身体の力の入り具合がどのように変化するのかを観てみましょう。

【このワークでわかること】

人生の目標を達成するさまざまな情報を、すでに私たちは持っていることを認識でき、筋肉の生体反応機能を使って引き出すことが大切であることがわかります。

【やり方】

手順1 ペアでAさんBさんを決めます。

手順2 Aさんは仰向けに寝て、Bさんは肩を押さえます。Aさんは上半身を起こします。

※この時の力の入り具合を確認します。

手順3 Aさんは「私はすべての生命とすべての情報を持っています」と言い、上半身を起こします。

手順4 続けてAさんは「私は自分だけです」と言って、上半身を起こします。

※役割を交代して試してみましょう。

【ワーク解説】

いかがでしたか？

「私はすべての生命とすべての情報を持っています」と言った時のほうが、力が入ったことを実感するでしょう。

「人生の目標を達成するさまざまな情報」を、潜在意識は知っているとしか思えない反応ではありませんか？

したがって、すでに私たちは全情報を持っているので誰かに教えてもらう必要は本来はなく、第2章でご紹介したとおり、身体から正解を訊く方法が役立つわけです。

私たちは意識せず、誰かのつくった「メカニズム（ルール）」によって動かされ、支配されています。

このメカニズム（ルール）によって、一般的な常識やすべきこと、しなければならないことの思い込みが発生します。

あなた自身の内側にも「自分を動かしているメカニズム」があります。

メカニズムを知ることで、手放すことも、活用することもできるようになります。

人生の目的は、「人間とは」「自分とは」を知ることです。
そのためには、**自分を知ることであり、自分を定義すること**です。
そして、**自分が何者であるかを思い出し、創り直すこと。**

彼れを知りて己を知れば、百戦して殆《あや》うからず。
彼れを知らずして己を知れば、一勝一負す。
彼れを知らず己を知らざれば、戦う毎《ごと》に必らず殆うし。

彼れ：メカニズム
己：あなた自身
となるのです。

【今回の心得】

彼れを知りて己を知れば、百戦して殆《あや》うからず

体感ワーク

03 身体から必要な情報を引き出す方法

このワークの目的

身体から必要な情報を引き出すことができることを確認します。

潜在意識は訊かれたことが真実だと判断した時や安全だと判断した時には身体の機能が高まるという性質があり、ストレスがないので、脳が体の各所に信号を滞りなく送っている状態と言えます。

また、別の言葉で表現すると、「氣が通りやすい」状態とも言えます。

逆に、訊かれたことが真実ではないと判断した時や危険だと判断すると、ストレス反応から身体の機能が低くなります。

身体から必要な情報を引き出す方法は、「側推法《そくすいほう》」が初心者でも反応が出やすいやり方です。

このワークでわかること

Ｙｅｓ反応、Ｎｏ反応がどのようなものなのかがわかります。

また、本書に書かれたワーク以外にも、日常生活の中で楽しみながら活かすことができます。
習うより慣れろで、自分自身の感覚を掴みましょう。

【やり方】

手順1 ペアでAさんBさんを決めます。

手順2 身体から必要な情報を引き出したい人（Aさん）は、肩幅に足を広げ、力を抜いて、まっすぐに立ちます。横から押す人（Bさん）はAさんの脇に立ちます。

手順3 Bさんは「Yesの反応をください」と言いながら、Aさんの肩を横から押し、力の入り具合を感じます。

手順4 Bさんは「Noの反応をください」と言いながら、Aさんの肩を横から押し、力の入り具合を感じます。

手順5 Bさんは、「Yes／No」で答えられるような

具体的かつ明確な質問をして、Aさんの肩を横から押し、力の入り具合を感じます。

※「手順5」で身体から引き出すための質問をします。

【ワーク解説】

この基本的な側押法で、**質問内容を変えるだけで必要な情報を身体から引き出すことができます。**

そのほかにも、これからご紹介する方法はすべて、必要な情報を身体から引き出しています。

例にあげてみると、

◎基本ワーク 横押しの活用：自分に合う食べ物を選ぶ。有害物質を見分ける
◎目標設定の重要さを認識する
◎付き合う人はあなたに大きな影響を与える
◎チームワークの必要性
◎あなたの潜在意識にネガティブな暗示が植え付けられていることを認識する方法（洗脳を解く）
◎営業・コンサル向け：あなたの心の持ち方が相手に強い影響を与える

などです。

ご自身の目的によって使い分けてみてください。

また、本書以外にもどんなことに活用できるのかを考えてみてください。

どのようなことでも能力として身につけるには、「理論」と「実践」を意識することはとても重要です。

いったん理論を学んだら、今度はただひたすらに**「実践」＝「量稽古」が必要**になります。

まずは量を意識し、その中から質が生まれます。

知るとは、脳に情報が入っただけの科学反応にすぎず、体験するとは、身体で物理的に経験することなのです。

【今回の心得】

まずは実践。どんどん体験してみよう

体感ワーク

04 主体性を持って、真の力を発揮する

このワークの目的

あなたが当たる作業に主体性を持てば、真の力が発揮できることを確認します。

第1章で紹介した世界トップの成功者と呼ばれる人は、「行動だけが自分の世界を変えるから、具体的な行動の積み重ねが必要だ」と言います。

では、皆さんは、行動していないのでしょうか？　違いますね。

日常生活をするには何らかの「行動」をしています。

ただ、**どのような意識を持って行動しているかが重要**です。

自分で物事を決めて主体性を持って行動することで、真の力が発揮されるのです。

【このワークでわかること】

主体性を持って行動する場合と持たない場合の、発揮される真の力の差を実感できます。

【やり方】

手順1 ペアでAさんBさんを決めます。

手順2 BさんはAさんの片手を押さえます。

手順3 Aさんは「腕を持たれている」と言ってから、Bさんの手を外すように持ち上げます。

※持ち上げる際には、急に力を入れるのではなく、ゆっくりじわじわと力を入れるようにします。

手順4 Aさんは「腕を持たせている」と言ってから、Bさんの手を外すように持ち上げます。

【ワーク解説】

「持たれている」と言った時は腕は持ち上がらないですが、「持たせている」と言った時には腕が簡単に持ち上げられます。

「持たせている」という**主体語に変えることで、潜在意識はコントロール権が自分にあると認識する**ことができます。

「持たれている」と言うと潜在意識はコントロール権を放棄し、誰かに操作されていると感じます。もし、あなたが自分を社畜だと思っているとしたら、誰かにコントロールされていると思い込んでいるためパワーが発揮できません。

主体的に仕事をしていると認識を持つだけでパワーが満ちてきます。

自分の行動を変えるほうが、他者を変えるよりずっと容易です。

自分を変える第一歩は、選んだのは自分だと認め、受け入れ、主体的に行動することなのです。

【今回の心得】

主体性を持てば真の力が発揮される

体感ワーク

05 すべては自分との戦いだと腹をくくること

【このワークの目的】

「04 主体性を持って、真の力を発揮する」ワークを、角度を変えて再度検証してみましょう。

「誰かにやってほしい、こんなふうにならないかな、どうしてやってくれないの？」……これらはすべてが「自分の力で生きるのではなく、相手の行動によって生かされる」という状態。つまり、自分を放棄している状態です。

別の表現をすると「相手に依存する」ということです。

相手が主体性を持っているのか、自分が主体性を持っているのかを認識することで、力の発揮具合がまったく異なります。

【このワークでわかること】

他人の概念で生きるのではなく、自分の概念で生きる。

これこそが主体性であると知ることができます。

【やり方】

手順1 ペアでAさんBさんを決めます。

手順2 Aさんは「私は負けません」と言います。

手順3 Bさんは「私は勝ちます」と言います。

手順4 立ち腕相撲をします。

手順5 役割交代

手順6 Bさんは「私は負けません」と言います。

手順7 Aさんは「私は勝ちます」と言います。

手順8 立ち腕相撲をします。

【ワーク解説】

ほとんどの人が「負けません」と宣言したほうが強くなります。

「負けない」という言葉は、自分に負けないという主体的な意味合いが出てくるため、戦いであっても相手はあまり関係ありません。

一方の「勝ちます」は、相手の強さによって勝てるかどうかが変わってくるため、相手に結果を依存する意味合いがあります。

相手の強さがわからないと、潜在意識は不安になってパワーを発揮できなくなります。

相手がいたとしても、すべては自分との戦いであると腹をくくると力を出すことができます。

他人の概念で生きるのではなく、自分の概念で生きることが大切です。

【今回の心得】

敵は己の中にあり

体感ワーク

06 暗示が植え付けられていることを確認する

【このワークの目的】

私たちの深層心理には、親からの暗示が入っていることを確認しましょう。

暗示といっても、親の愛や常識からくる「教え」がほとんどですが、大人になったあなたにとって、今は必要のない教えも入っていることがあります。

いらない教えがどのように窮屈な状態なのか、そして暗示がいかに簡単に心に入ってきて影響を与えるのかを、ワークで体験してみましょう。

【このワークでわかること】

あなたが今、当たり前・常識だと思っていることは真実なのでしょうか？

真実なのか、それとも真実だと思い込んでいるのかが体感できます。

【やり方】

手順1 ペアで前後に立ちます（自分が信頼している人に、後ろ役をやってもらいましょう）。

手順2 前の人に首を回してもらい、今の状態を認識してもらいます。

手順3 後ろの人は肩をもむような体勢になります。

手順4 後ろの人は「今からあなたの首の骨が7本から3本に減ります。1本、2本、3本」と言いながら前の人の首の骨を1本ずつ軽く押して数えます。

手順5 前の人は首を回します。

※ここで首が手順2で確認した時より回らなくなっています。

手順6 後ろの人は肩をもむような体勢で「あなたの首の骨を7本に戻します。1、2、3、4、5、6、7」と言いながら前の人の首の骨を1本ずつ軽く押して数えます。

※首の回り方は元に戻ります

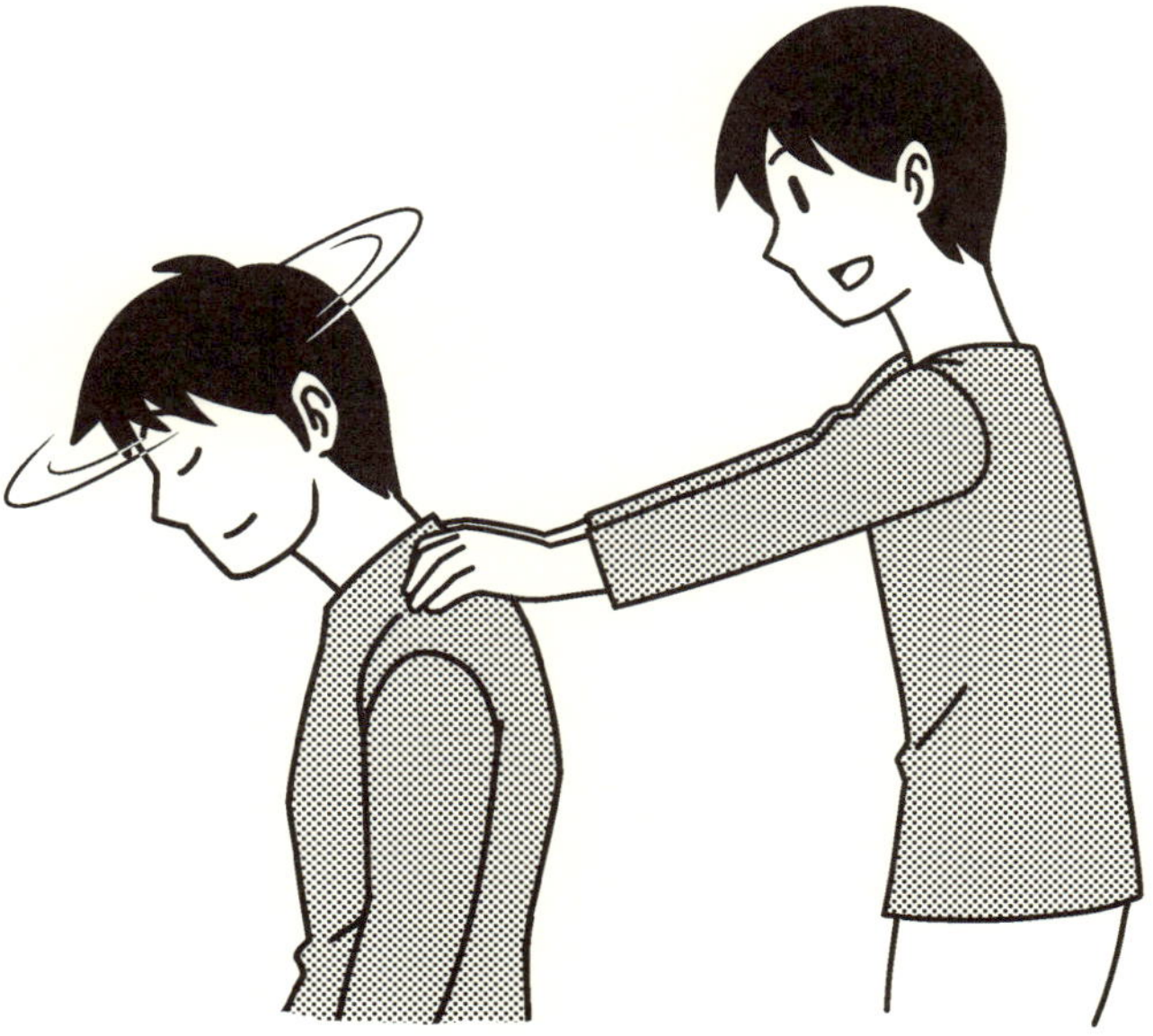

【ワーク解説】

後ろの人は、信頼している人にお願いしましたか？

人は、心を許している人からの暗示には簡単にかかってしまいます。

ですが、後ろの人は「信じなさい」とは言っていません。

自分で「信じる」と決めたから暗示にかかります。逆に、「必要としなくなった暗示、教えは必要ない」と認識すれば、窮屈な状態から抜け出すことも可能です。


まずは自分の心を探って、自分の価値観を考えてみましょう。

仕事に関する価値観、お金に関する価値観、そして人間関係、怒りや氣落ちなどの感情の対処。

もしかしたら、それは改善すべき暗示が原因なのかもしれません。

その場合、あなたの暗示を解き放して、新しいあなたをつくり出す必要があります。

【今回の心得】

暗示があなたの価値観に影響を与えている

体感ワーク

07 落ち込んだ心を整える方法

【このワークの目的】

落ち込んだ心を短時間で整えることができるワークです。

例えば、100m走でこれから走る選手が2人いるとしましょう。一人は膝を抱えて難しそうな表情でうつむいている。もう一人はスキップしながら走る喜びを感じている。

この時、もしも同等の走力を持っているとしたら、どちらの選手がより良いタイムを出すでしょうか？

また、楽しい、テンポの速い曲を聴きながらスキップして、落ち込むことができるでしょうか？

落ち込んだ心は短時間で整えることができます。

落ち込んでいる氣持ちを即座に整えたい時は、手順3から行ってください。

手順1、2は落ち込むことを体験するワークです。

【このワークでわかること】

心・感情は、体の動きと密接な関係があります。

姿勢を整えることで、感情はコントロールできます。

【やり方】

手順1 うつむいて、背中を丸め、「う」の口の形をつくります。

手順2 手順1の体勢のまま「私はハッピーです」と言い、どういう氣持ちか感じます。

手順3 胸を張り、30度上を見上げ、手を上げてキラキラと手を振ります。

手順4 手順3の体勢のまま「私はウツです」と言い、どういう氣持ちかを感じます。

【ワーク解説】

手順2では、「ハッピーです」と口では言っていても、ハッピーな氣持ちにはなれません。

手順4では、「ウツです」と言っていても、暗い氣持ちにはなれません。

心の状態は体がつくっています。

落ち込んだ氣持ちになると、無意識に背筋が丸まっていたり、だらっと力が抜けていたりします。

意識的に背筋を伸ばし、落ち込んだ氣持ちを吹き飛ばせる体勢を自分で発見してください。


また、呼吸によっても変わります。

いわゆる「ネガティブ」な感情の時や緊張している時には、呼吸が浅くなっています。

逆に「ポジティブ」な感情の時やリラックスしている時には、呼吸が深くなります。


今、自分はどんな体の状態になっているかに意識を向けることが大切です。

【今回の心得】

姿勢を整えることで、感情はコントロールできる

体感ワーク

08 指先を使って氣力をみなぎらせる方法

【このワークの目的】

短時間で他人に知られずに氣力をみなぎらせるワークです。


氣力がみなぎっている状態は、指先などの末端まで力が入りやすい状態です。

「氣力」や「パワー」という表現をしてきましたが、あやしいものではありません。

脳からの電氣信号がスムーズに通っている「氣が通りやすい」状態を、「パワーが出る」「力が出る」としています。

「パワーが出る状態」と「パワーが出ない状態」の違いを体感してください。


このワークでは、もっと細部にまで意識を向けていきます。

指先が冷たくなって温かくしたい時、手をブラブラと振ったりしませんか？

私たちは、細部までエネルギーを通すための方法をすでに知っています。

細部にまでエネルギーが通ると、全体にもエネルギーが行き渡ります。

【このワークでわかること】

氣力をみなぎらせたい場合、例えば営業の相手がいる前でいきなりスキップしたりすることは難易度が高くなりますし、誤解されやすくなります。姿勢を整えるとともに細部のエネルギーを高めると、全体のエネルギーも高まるので、どこでも実践することが可能です。

【やり方】

手順1 ペアでAさんBさんを決め、向かい合って座ります。

手順2 BさんはAさんの手首を動かないように持ち、AさんはBさんに持たれている方向へゆっくりと力を入れます。

※この時の力の入り具合を確認します。

手順3 AさんはBさんに持たれている手を広げ、指先をつねって刺激します。

手順4 もう一度、AさんはBさんに持たれている方向へゆっくりと力を入れます。

※役割を交代して試してみましょう。

【ワーク解説】

負けた人は、指先をつねる前と後で力の変化を感じましたか？

多くの人は、つねった後のほうが力が出やすくなります。

これは、末端を刺激することで電氣信号が指先まで通るようになるからです。

感情は自在にコントロールできるようになっていきます。

感情が自在にコントロールできれば、力が出やすくなり、目標の達成も自由自在となっていきます。

氣力は目には見えませんが、非常に強大なのです。

氣力を常に整えることにより、あなたの行動が変わっていくことになるのです。

【今回の心得】

指先から氣力をみなぎらせる

体感ワーク

09 全身で氣力をみなぎらせる方法

このワークの目的

身体全体を使って氣力をみなぎらせるワークです。


「08」指先を使って氣力をみなぎらせる方法」では、指先のみの刺激を行いました。

全身だとどうなるか、体感してください。

細部よりも、より全体に意識を向けて行います。

前節では、姿勢を整える・細部を整えるをお伝えしました。

ここでは、さらに体全体を調えることを行います。

毎朝の習慣、仕事前や昼休みに、プレゼンや交渉の前などに行うことで、あなたの力を発揮することができるようになっていきます。

時間もかからず、場所も必要としません。

習慣化していくことで、常に力を発揮できる状態を、あなた自身でつくり出すことができるようになります。

【このワークでわかること】

全身を使うことで、末端を使うよりもより強く氣力をみなぎらせることができます。恥ずかしいと感じる場合には、自分だけのスペース（仕事場ではトイレなど）があれば、いつでもできます。

【やり方】

手順1 ペアでAさんBさんを決めます。

手順2 Aさんはしゃがみ、手のひらを上にして、BさんはAさんの手のひらを上から押さえるようにします。Aさんは上に立ち上がるようにゆっくりと力を入れていきます。

※この時の力の入り具合を確認します。

手順3 お互いいったん手を放し、AさんはBさんに全身を拳で軽く叩いてもらいます。

手順4 再びAさんはしゃがみ、手のひらを上にして、BさんはAさんの手のひらを上から押さえるようにします。Aさんは上に立ち上がるようにゆっくりと力を入れて行きます。

※役割を交代して試してみましょう。

【ワーク解説】

多くの人が、叩いた時のほうが力が入っています。

なぜならば、身体は脳からの電氣信号で動いています。拳で軽く身体を叩くと信号伝達がスムーズに流れるようになり、無意識に全身の力が整い安定します。

姿勢を整え、全体を整え、細部を整えることで、あなたの持つ力を発揮することができるようになっていきます。

もちろん、自分で叩いても効果は出ますから、誰でもできる簡単なやり方です。

主体性を持って自分をコントロールするための第一歩です。

ほんのちょっとした意識の差が力の働きを大きく変えるのです。

【今回の心得】

全身を使ってより強く氣力をみなぎらせる

体感ワーク

10 つらい体験を克服する方法

【このワークの目的】

つらい出来事があっても、それを克服できるワークです。


殴らせている殴られているワーク。

ペアでAさんBさんを決め、AさんBさんのお腹を軽く殴ります。

殴るといっても、少し痛いくらいで無理は禁物です。

「殴らせている」と言って殴られた時と、「殴られている」と言って殴られた時の感覚の違いを確認しましょう。


自分が被害者でいる立場を選択した時の痛みの強さと、自分がその状況をつくり出したという主体的立場を選択した時の痛みの強さを確認してください。

【このワークでわかること】

すべての責任を引き受けた時に、あなたは初めて、ほんの一部でも「変える」ことができるようになります。

物事を誰かのせいだと考えている限り、どうすることもできません。

人生に起こるすべてを「自らの責任」とした時に初めて、それを変えることができるようになるのです。

【やり方】

手順1 ペアでAさんBさんを決めます。

手順2 Bさんは「殴らせている」と言います。

手順3 AさんはBさんのお腹を軽く殴ります（殴る強さは少し痛いくらい）。

手順4 Bさんは「殴られている」と言います。

手順5 AさんはBさんのお腹を軽く殴ります（殴る強さは少し痛いくらい）。

【ワーク解説】

多くの人は「殴られている」と言うより、「殴らせている」と言ったほうが痛いと感じます。

実際に殴られることはないでしょうが、殴られるようにつらいと感じる状況や立場に置かれることは、社会生活を営む上であります。

その際にぜひ、このワークを使ってください。

例えば、あなたがお客様からのクレームに直面した時に「クレームを受け止めている」という主体的な態度と「クレームを言われている」という受動的な態度では、受けるダメージも相手の印象も変わってきます。

『○○のせいでこんな目にあってしまった』と言っていても事態は好転しません。

どんなことでも自分を変える第一歩は、選んだのは自分だと認めて受け入れ、前に進むことです。

【今回の心得】

すべての事象は自分の責任ととらえる

体感ワーク

11 問題を最高のパフォーマンスに変える方法

【このワークの目的】

誰もが問題を抱えていますが、それを使ってあなたから最高のパフォーマンスを引き出せる方法です。

このワークでは付箋を使います。

私たちは、知る必要のあることはすべて知っています。
それにはまず、対極を知らなければなりません。
背が低いということを知らなければ、背が高いということはわかりません。
争いを知らなければ、平和もわかりません。

同じように、問題を知らなければ、理想はわかりません。
つまり、問題を知ることで初めて対極にある理想の状態を知ることができる、ということです。

【このワークでわかること】

あなたが持つ課題は、その対極にある理想……自分が何者であるか、そして何者になりたいかという現れなのです。

【やり方】

手順1　付箋に今抱えている課題を書き出します。

手順2　別の付箋に理想を書き出します。

手順3　ペアでAさんBさんを決めます。

手順4　BさんはAさんの両肩に手を当て、Aさんはゆっくり前進します。

※この時の力の入り具合を確認します。

手順5　Aさんは課題を書いた付箋を持ち、BさんはAさんの両肩に手を当て、Aさんはゆっくり前進します。

手順6　今度は課題と理想の両方の付箋を持ち、BさんはAさんの両肩に手を当て、Aさんはゆっくり前進します。

※役割を交代して試してみましょう。

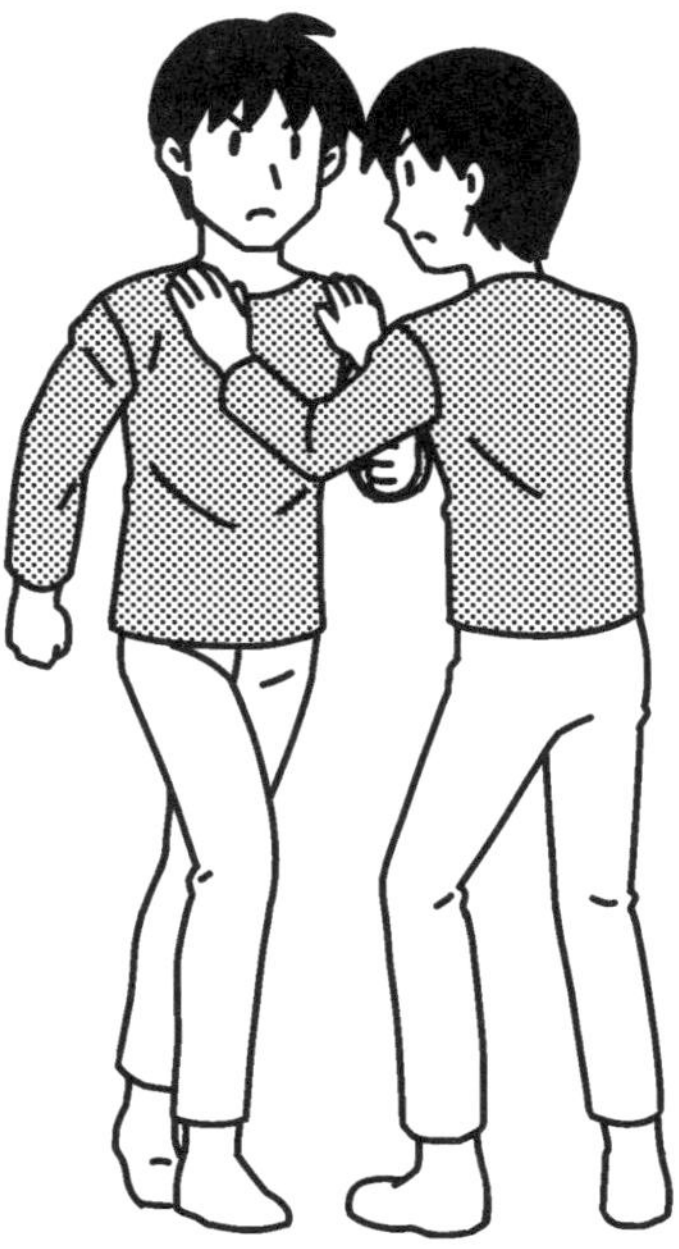

【ワーク解説】

一般的には、課題&理想（一番安定）＞理想（安定）＞課題（不安定）となります。

あなたは、課題や悩みがひとつもない状態を望んでいるかもしれません。ですが、すべての悩みを解決できる日は、死ぬ日以外にはありません。理想と課題をポジティブに持つことで、あなたは最大のパワーを発揮することができます。


マリオブラザーズというゲームは誰もが知っていると思います。

敵のいないマリオブラザーズは面白くないですね。

また、段階を追っていくとステージクリアがだんだん難しくなっていきます。

これと同じで、課題をクリアしていくことで理想に近づき、理想は大きくなればなるほど課題をつくり出していきます。


課題と理想はひとつであり、一方から他方へと終わりのない循環を繰り返しているのです。

【今回の心得】

理想に向かっているからこそ問題がある

体感ワーク

12 言葉によって力を変える方法

【このワークの目的】

あなたの言葉を使って周りの世界を改善するワークです。

言葉は「言霊《ことだま》」です。

声に出した言葉が、現実の事象に対して何らかの影響を与えると信じられ、良い言葉を発すると良い事が起こり、不吉な言葉を発すると凶事が起こるとされたことが言霊の考え方です。

言葉がイメージを想起し、イメージに沿った事象を引き起こします。

言葉に対するイメージが潜在意識のデータベースに記録されているからです。

どのような言葉を使うかによって、一瞬で潜在意識が反応することを確認してみましょう。

ただし、言葉は声に発したものだけではありません。心の中で発した声にならない言葉（想念）も含まれますし、メールやSNSで使う言葉も含まれます。

日頃どんな独り言をつぶやいているのか、どんな想念をしているのかを観察することで、その内容を変えることができるようになります。

【このワークでわかること】

言葉がイメージを想起し、イメージに沿った事象を引き起こします。
どんな言葉が一番力が出るかを確認することもできます。

【やり方】

手順1 ペアでAさんBさんを決めます。

手順2 Aさんは手のひらを下向き、Bさんは手のひらを上向きで手を合わせます。Aさんが下方向にゆっくりと力をかけます。

※この時の力の入り具合を確認します。

手順3 Aさんは「重くなる」と言って、下方向にゆっくりと力をかけます。

手順4 Aさんは「軽くなる」と言って、下方向にゆっくりと力をかけます。

※役割を交代して試してみましょう。

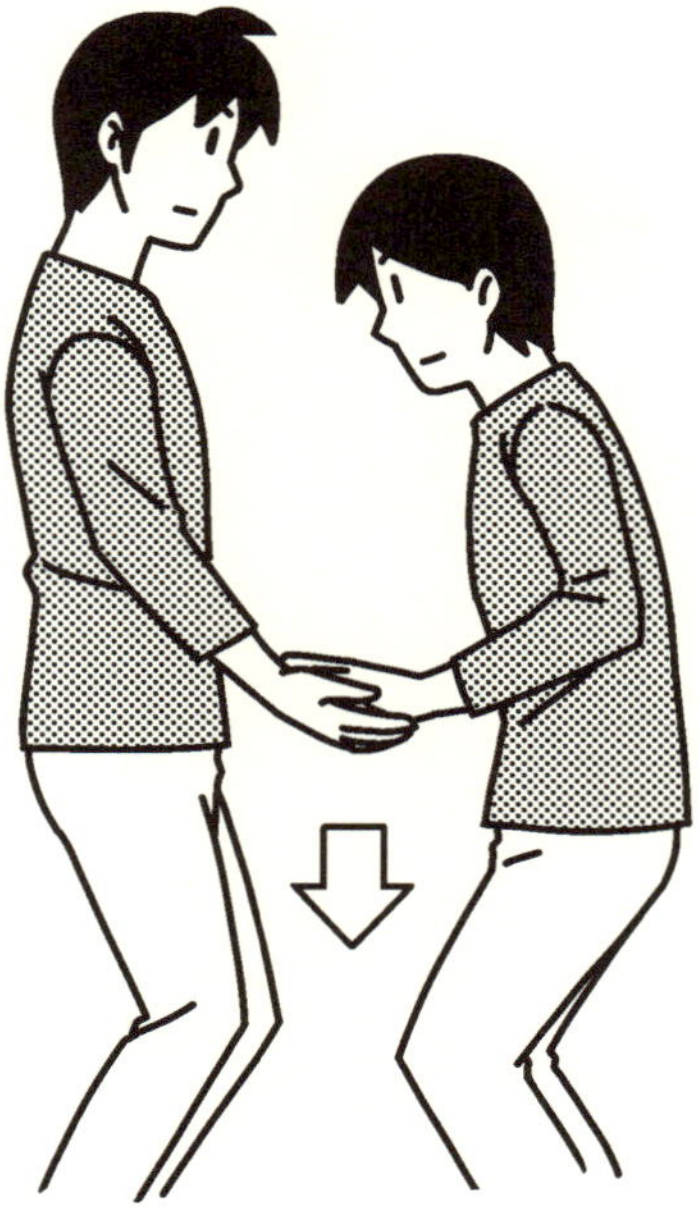

【ワーク解説】

「重くなる」では下方向へ力が働きやすくなり、「軽くなる」では下方向へ力が働きにくくなります。

「軽い」「重い」それぞれの言葉がイメージを想起し、イメージに沿った事象を引き起こします。言葉に対するイメージが潜在意識のデータベースに記録されているからです。

物理的な体重は変わりませんが、自分のイメージどおりに軽くなったり重くなったりするのです。

さらには、あなた自身が自分に投げかける言葉も、イメージを想起させ、イメージどおりの事象を引き起こすことになります。

【今回の心得】

言葉がイメージを想起し、イメージに沿った事象を引き起こす

この本のワークについて

ワークをやってみていかがでしたか？

きっとその効果に驚かれたことと思います。

あなたの潜在能力にはまだまだ大きな力が秘められていることを実感されたのではないでしょうか？


この本のワークは体験することで成功法則を理解できるように考えられています。

しかし身体感覚の発達には個人差があるため、体感しにくいワークがあるかもしれません。

もしそうだったとしてもがっかりしないでください。


ぜひ体感できたワークに注目してください。

そこから新しい発見があるはずです。


毎日行うワークはぜひ続けてみてください。

ワークを続けるうちに身体感覚が発達し、できなかったワークもできるようになっていきます。

また私が開催するセミナーにおいでいただくのも歓迎いたします。

［第4章］

目標設定とイメージを持つ

体感ワーク

13 鮮明なイメージが成功への力になる方法

このワークの目的

鮮明なイメージが力になることを体感するワークです。

「明確な成功をイメージすることが大切」という言葉は、成功法則としてよく聞きます。

成功した人は、成功した自分を明確にイメージできていたということです。

自分の身体の状態や目の前に広がる景色など、より明確に、より具体的にイメージすることが重要です。

明確なイメージが潜在意識にインプットされることで、イメージを実現すべく働き出します。

アファーメーションは言葉だけではありません。

成功イメージを想像するために使うこともアファーメーションになります。

より明確に、より具体的にイメージすることが重要であることを体感してください。

【このワークでわかること】

イメージが自分の体にもたらす変化を体感できます。自分のイメージ力がわかります。変化が顕著に現れた場合、より具体的にイメージできていることになります。

【やり方】

手順1 腕を伸ばして前に差し出し、曲げられないように頑張って腕に力を込めてください。

手順2 その腕を誰かに曲げようとしてもらいます（無理はしないでください）。

手順3 腕を伸ばして、腕がホースになって指先から水が出ているかのように腕はリラックスさせて、氣が指先からほとばしり出る感じをイメージして

ください。

手順4 その腕を誰かに曲げようとしてもらいます（無理はしないでください）。

【ワーク解説】

頑張って力を入れている時より、リラックスしながら明確にイメージしている時のほうが、容易に曲がらず、ラクにその状態を保つことができます。

成功のイメージがない状態でがむしゃらに頑張るよりも、成功の明確なイメージを持って行動することが成功の近道です。

ただ、「成功」の定義は人によって違います。

◎年収1億円稼ぎ、世界中を旅しながら、華やかな暮らしをすることを成功とする人
◎多くの人に歌やパフォーマンスを通して笑顔と勇氣を届けることを成功とする人
◎山あいに住み、家族とご近所さんを大切にして、ほぼ自給自足の生活を成功とする人
◎会社で誇りを持って勤め上げることを成功とする人

あなたの「成功」とは、どのような状態ですか？　何を大切にしていますか？　どこに住み、誰と過ごし、どのような服を着て、どのように振る舞っていますか？

成功イメージがより明確で、より具体的で、ワクワクするものであれば、あなたの潜在意識にあなただけの成功イメージがインプットされ、そのイメージに向かって動き出します。

【今回の心得】

明確な自分の成功をイメージする

体感ワーク

【14】目標設定の重要さを認識する

【このワークの目的】

目標を設定した時に身体に力が入ることを確認するワークです。

「[13] 鮮明なイメージが成功への力になる方法」でより明確に、より具体的に成功をイメージできたとしても、それが今の状態とかけ離れすぎていると、顕在意識がブレーキをかけてしまう可能性があります。

その場合は、成功のイメージを実現するためにはどのような状態になっている必要があるか、いつまでに何を達成すると良いか、という目標を設定します。

目標を設定することで、意識して力を入れずとも身体にエネルギーが通り、困難を乗り越えることができます。

【このワークでわかること】

目標とは「年月日までに○○をする」だけとは限りません。的も目標のひとつです。明確な目標設定をすることで力が増すことを体感できます。

【やり方】

手順1 ペアでAさんBさんを決めます。

手順2 Aさんは腕を前に伸ばします。

手順3 BさんはAさんの腕を肩に乗せて曲げ、Aさんは曲がらないように耐えます（無理はしないでください）。

手順4 ホワイトボードに的を書きます。

手順5 Aさんはホワイトボードの的を指さしながら腕を前に伸ばします。

手順6 BさんはAさんの腕を肩に乗せて曲げ、Aさんは曲がらないように耐えます（無理はしないでください）。

【ワーク解説】

的を指差す前は曲がりやすく、的を指差した時は曲がりにくくなります。

明確な目標を定めることが、パワーを発揮するためにはとても大事です。


このワークで的を指差す時のほうが曲がりやすい人がいます。

ですが、悪いことではありません。

先を見通して目標として設定するよりも、一日一日の作業に集中するほうが力を発揮する人である可能性があります。


また、「目標」という言葉にネガティブなイメージを持っている場合もあります。

言葉のアファーメーションのワークを参考に、どういう言葉や氣持ちで未来の状態を思い描くことが自分にとって最も力が出るか試し、その言葉を使って的のワークを行ってみてください。

【今回の心得】

目標を設定すると強いパワーを発揮できる

体感ワーク

15 自分に合った目標かどうかを確認する方法

【このワークの目的】

「自分で設定した目標」と「自分以外の人が設定した目標」での力の発揮具合を確認するワークです。


一人ひとり成功のイメージは違います。

あなたの目的によって、成功に到達する手段やルートも違ってきます。

「誰がその目標を達成するのか?」について、自分なのか、それとも他人なのかで、どれくらい力が変わるかを体感します。


成功法則というものは1つではなく、人の数だけあると思います。

成功者と呼ばれる方が、成功セミナーなどで「私はこの方法で成功した」と教えてくれたとしても、成功者とあなたとは、性格、体力、能力、経験、人脈、資金などすべてが異なっています。

もしもすべてが同じであれば、同じ方法で成功できるはずですが、そのような確率は非常に低いです。

場合によっては、人から与えられた目標を鵜呑みにしていることもあります。

「良い大学に入って、良い会社に入ること」など、世間の一般常識に見受けられることもあります。

また、自分よりうまくいっているとあなたが感じる人からアドバイスをもらうと、そのとおりにしなければならない、と感じることもあるはずです。

「しなければならない」と感じると身体にはストレスになりますから、力が発揮できません。

今のあなたが持っているさまざまなルールに沿った成功法則をつくることが大切なのです。

このワークでわかること

今のあなたが持っているさまざまなルールに沿った成功法則をつくることが大切であり、他人から与えられた目標は身体にはストレスになることが多いですから、力が発揮できません。

一人ひとり成功のイメージは違います。

あなたの目的によって成功に到達する手段やルートも違ってきます。

【やり方】

手順1 付箋に「自分の目標」と「自分以外の人の目標」をそれぞれ書き出します。

手順2 ペアでＡさんＢさんを決めます。

手順3 Ａさんはまっすぐに立ち、ＢさんはＡさんの胸と背中に手を当てます。

手順4 Ａさんが「Ｙｅｓの反応をください」「Ｎｏの反応をください」で反応を確認します。

※Ｙｅｓで体が前に、Ｎｏで体が後ろにいきます。ＢさんはＡさんのＹｅｓ・Ｎｏ反応を手のひらで感じます。

手順5 「自分の目標」を読み上げ、体が前後どちらに動くかを確認します。

手順6 「自分以外の人の目標」を読み上げ、体が前後どちらに動くかを確認します。

※役割を交代して試してみましょう。

【ワーク解説】

目標を読み上げた場合でも、書き出した付箋を持った場合でも、「自分の目標」の場合は力が強くなり、「自分以外の人の目標」では力が弱くなります。

これには2つの理由があります。

①自分事としてとらえるかどうか?

②持っているさまざまなルールに沿った、自分に合った言葉が使われているかどうか?

です。

外から与えられる（時として強制的な）目標は、身体にはストレスになることが多いですから、力が発揮できません。

「ではノルマがある場合にはどのようにすれば?」とあなたは思うかもしれません。

このような場合は、自分のルールに沿った目標に書き換えることが必要です。

さらに、「素晴らしい」と感じる、権威ある人が話した言葉や本で読んだ言葉なども、いったん身体に訊いてみることが大切です。

世間一般的には素晴らしい言葉でも、あなたにとっては力を弱めてしまう言葉であるかもしれないからです。

【今回の心得】
大切なのは自分事の目標設定

体感ワーク

16 抽象度を上げると底知れないパワーが発揮できる

このワークの目的

「自分のため」と「全人類のため」での力の発揮具合を確認するワークです。

抽象度を上げるとは、視野を広げる、自分や自分の周りだけでなく社会や世界を考えるということです。

成功して自分が得たい状態を得てから社会や世界のことを考えられると思うかもしれませんが、逆です。

自分のためだけよりも、社会や世界のことを考えて行動するほうが、あなたの力が存分に発揮されますし、あなたの思い描く成功も手に入ります。

ただし、これは自分を犠牲にしろという話ではありません。

あなたも社会や世界の一員です。あなたも含めた社会や世界のことを考えることが大切です。

【このワークでわかること】

あなたにとって、自分のためだけに頑張ることと、社会や世界のことを考えて行動すること、どちらのほうがより力が発揮されるかを体感できます。

【やり方】

手順1 ペアでAさんBさんを決めます。

手順2 Aさんの肩をBさんが押さえ、Aさんは横方向に動きます。

※この時の力の入り具合を確認します。

手順3 Aさんは「私は地球とつながって全人類のために頑張ります」と言い、横方向に動きます。

手順4 Aさんは「自分のために頑張ります」と言い、横方向に動きます。

※役割を交代して試してみましょう。

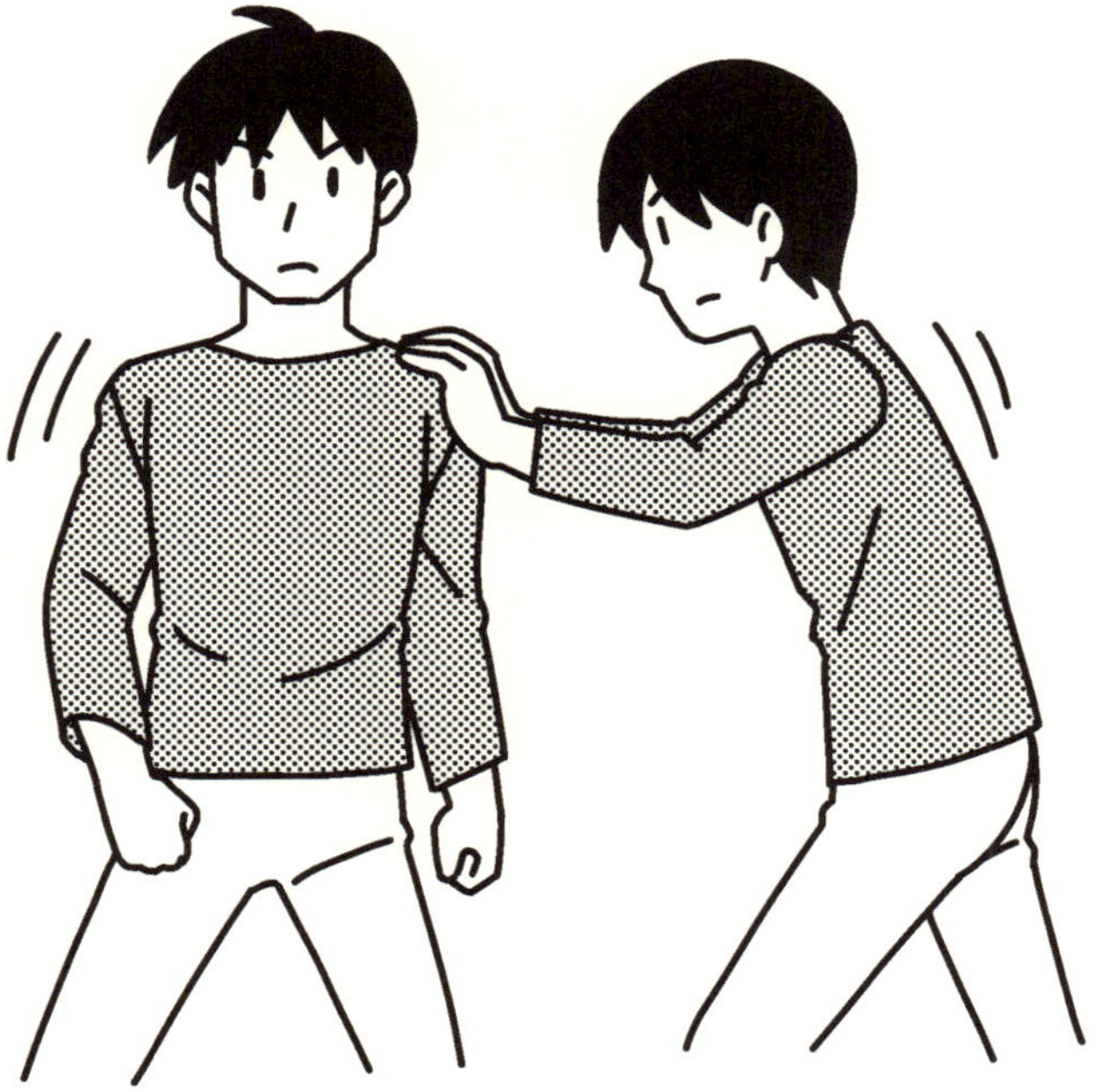

【ワーク解説】

多くの場合、「私は地球とつながって全人類のために頑張ります」と言った時のほうが強く動けます。

私たちは、人のために何かをしようと決意すると非常に大きなパワーを出すことができます。

私たちの潜在意識は２つのことに強く反応します。

１つ目は、人のために役立つこと。

２つ目は、成功の具体的なイメージ。

潜在意識パワーを使いこなすには、成功の具体的なイメージと人のために役立つことを明確にイメージすることが大切です。

【今回の心得】

抽象度を上げて成功をイメージする

体感ワーク

【17】あなたの悩みを成功の力に変換する方法

【このワークの目的】

ポジティブのみの場合と、ネガティブがある場合での力の発揮具合を確認するワークです。

成功に限らず、日常でも問題や悩みなどネガティブなイメージがあるものは良くない、ポジティブに生きることこそが重要であるという風潮があります。

なので、悩みがないほうが強い力を発揮できそうな印象がありますが、違います。

仕事では「リスク管理」として当たり前に、うまくいった場合とうまくいかない場合を検討して事業に当たります。

なのになぜ、成功法則になるとポジティブにばかり注目するのでしょうか。

仕事も成功法則も同じです。

悩みがあるならば、逆の理想があるはずです。

その理想に近づくためには、どのようにすれば解決するのかを考える。

理想に向かうためには、どのようなリスクがあるか（友人が変わるとか、お金がかかるとか）を考え、それも承知の上で行動する。それだけです。

【このワークでわかること】

あなたにとって、ネガティブなイメージだけを持つほうが力が発揮されるのか、ポジティブなイメージだけを持つほうが力が発揮されるのか、両方持つほうが力が発揮されるのかがわかります。

【やり方】

手順1　付箋にネガティブなイメージの絵を描きます。
手順2　別の付箋にポジティブなイメージの絵を描きます。
手順3　ペアでAさんBさんを決めます。
手順4　Aさんは手のひらを上にしてまっすぐに腕を伸

ばします。Bさんは Aさんの肘と手のひらを軽く押さえ、Aさんは腕を曲げます。

※この時の力の入り具合を確認します。

手順5 Aさんはネガティブな絵を持ち、腕を曲げます。

手順6 ポジティブな絵に持ち変えて、腕を曲げます。

手順7 ネガティブとポジティブの両方の絵を持って、腕を曲げます。

※役割を交代して試してみましょう。

【ワーク解説】

多くの場合、ネガティブな絵だけを持った時より、ポジティブな絵を持った時のほうが安定します。

さらに、ポジティブな絵だけよりも、ネガティブとポジティブ両方の絵を持った時のほうが安定します。

つまり力の関係は、ポジ・ネガの混合＞ポジティブ＞ネガティブです。

悩みばかりに注目するとエネルギーが下がり、成功しません。

悩みを無視してポジティブマインドを維持することも、実はうまくいきません。

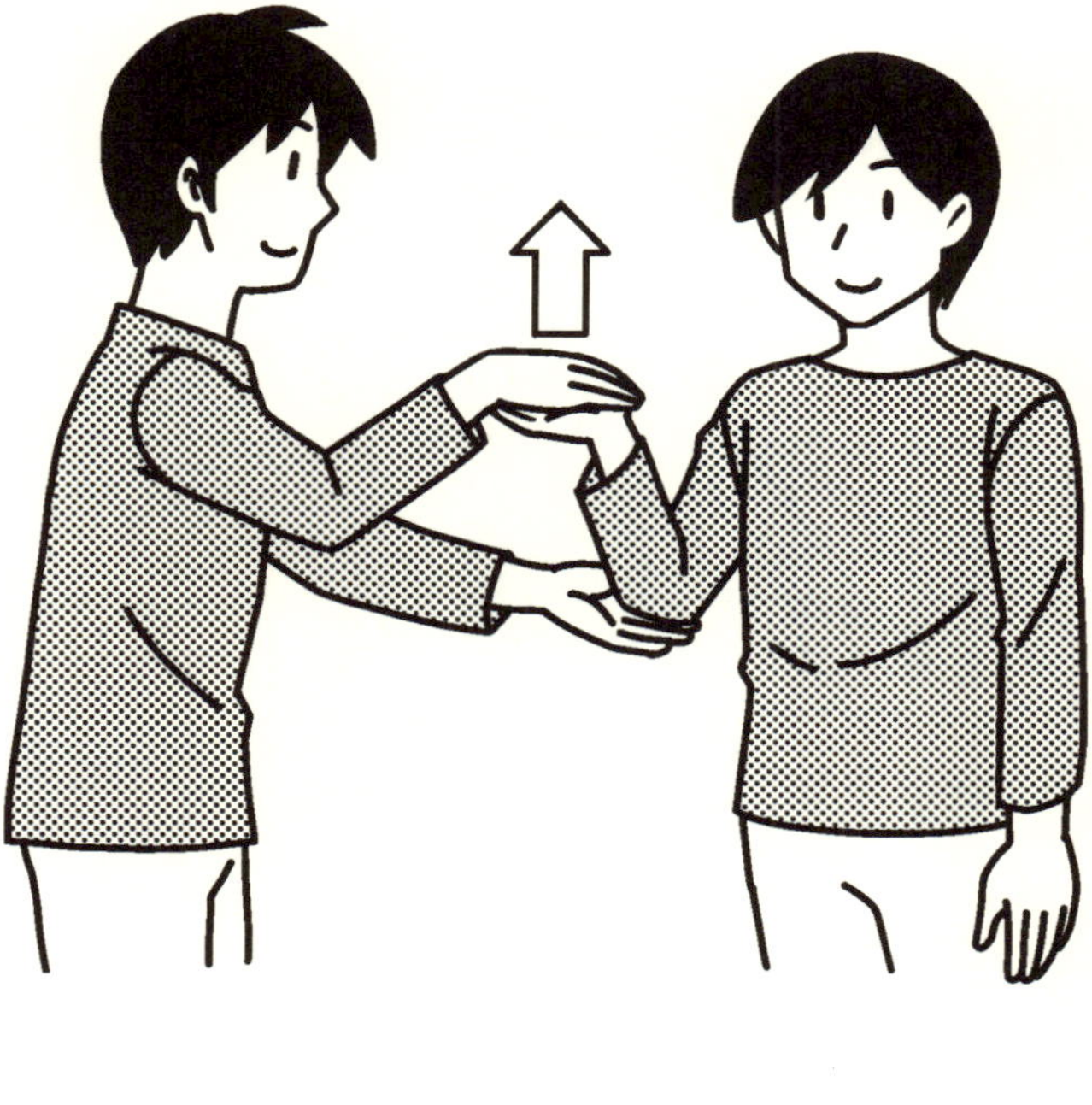

悩みを持ちつつ、どのように解消すれば良いか考え、行動し、克服しようとすることが大切です。
また、すべての悩みが解決しなくても、悩みがあっても良いと自分に許可することも重要です。

陰陽図というものがあります。白い部分と黒い部分、両方があってひとつの図です。
人も、白い部分であるポジティブな面と、黒い部分であるネガティブな面の両方があることで力を発揮していきます。

人は、悩みを力に変え、お金に変え、仕事に変えることで、理想を実現するために工夫し、モノをつくり、サービスを提供してきました。

成功者は、悩みを味方につけて成功してきたとも言えます。

【今回の心得】

ネガティブとポジティブ両方を味方につける

体感ワーク

18 自分を変革するアファーメーションをつくる方法

【このワークの目的】

あなたに合ったアファーメーションの言葉を見つけ出すワークです。

「この言葉を毎日、何回も言うと成功する」という言葉はいくつもあります。ですが、そのすべての人が、その人が望む「成功」という形を実現できていません。「成功の定義」は人それぞれです。

同じく、成功するため、自分を変革していくために必要な言葉も人それぞれです。

成功している人の言葉が、１００％あなたに合っているとは限らないのです。

【このワークでわかること】

自分が変わる、自分だけのアファーメーションをがわかります。

【やり方】

手順1 ペアでAさんBさんを決めます。

手順2 Aさんはうつぶせになり、BさんはAさんの太ももと足首を上から押さえます。

手順3 Aさんは「○○が好きです」と、○○に成功をイメージすると思われる言葉、成功に必要だと思われる言葉を当てはめて言います。例えば、「ありがとう」「ついています」「成功」「貢献」などです。

手順4 Aさんは、押さえられた足を膝を曲げるようにして上に持ち上げます。足が持ち上がらない言葉は、あなたのアファーメーションではありません。足が持ち上がる言葉は、あなたのアファーメーションに合っています。簡単に持ち上がるほど、アファーメーションに合っていると言えます。

※役割を交代して試してみましょう。

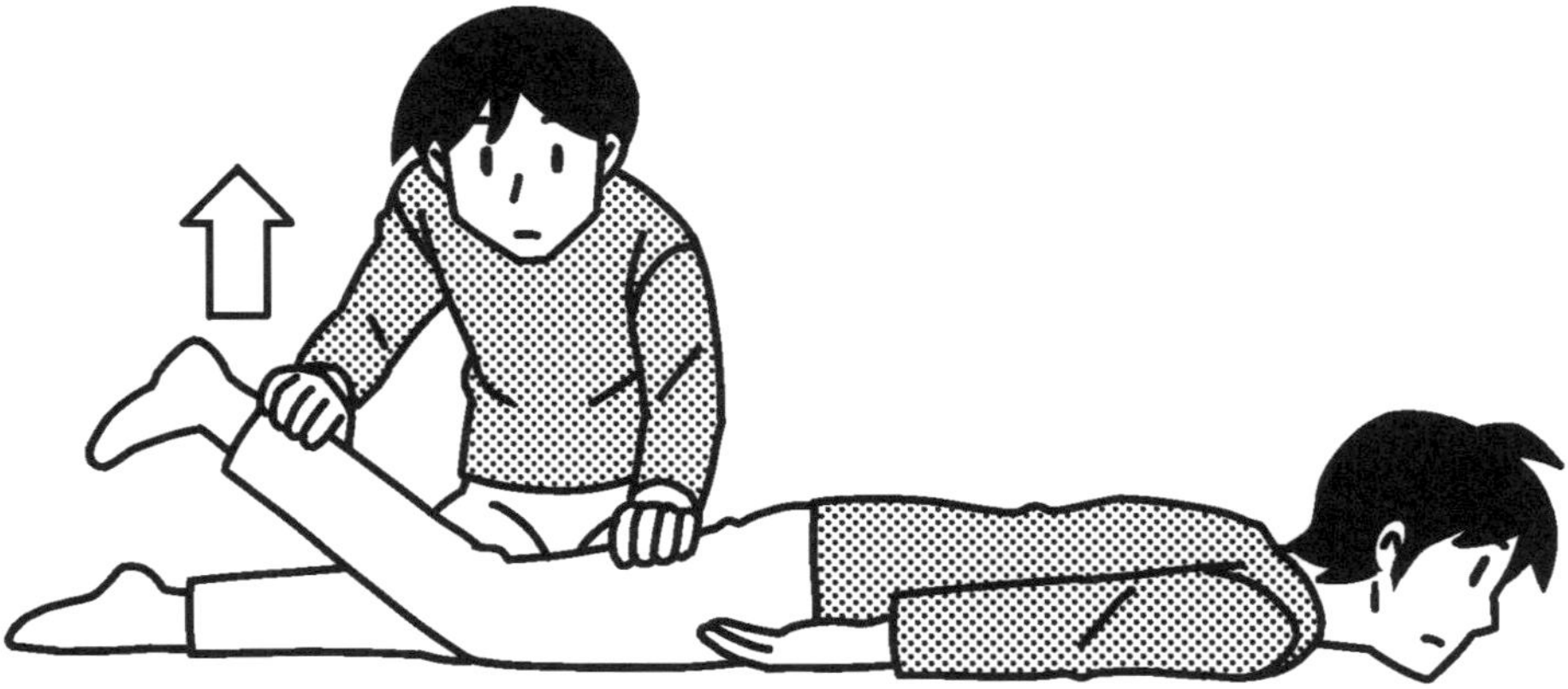

【ワーク解説】

力が抜け、足が持ち上がらない場合、その時に言った言葉は潜在意識がストレスを感じています。

潜在意識は、幼児期から言葉に対して感情を伴った記憶の意味付けがされています。

つらいと認識されている言葉と、ストレスのかからない楽しいと認識されている言葉があります。

あなたが成長したり、環境や状況が変わると必要な言葉も変わることがあります。

一度導き出したアファーメーションの言葉も、たまに確認してみてください。

【今回の心得】

自分に合った言葉を探す

体感ワーク

19 理想のあなたをつくる方法

【このワークの目的】

理想のあなたをイメージした時にエネルギーを感じるワークです。

成功の証として、月１００万円稼ぐ、フェラーリに乗るなどの「持ち物」を思い描く人は多いですが、理想のなりたい自分を考えている人はあまり多くありません。

ですが、お金やモノに注目していると、それがあるかないかが評価基準になるので、実は潜在意識の力が出ないのです。

お金やモノを得た自分がどんな状態かイメージできること、強いて言えば、お金やモノがなくても理想的な自分像が明確であれば揺るぎない強さになります。

あなたの定義する「成功」を得た理想のあなたは、どんな服装をして、どんな動きをして、どんな話し方をして、何ができる人でしょうか。

【このワークでわかること】

理想の自分像を考えてみましょう。その理想像が本当に望む姿なのがわかります。

【やり方】

手順1 10年後の理想のあなたを具体的に目の前にイメージします。例えば、どんな服装をしていますか？ どんな話し方をしていますか？ 何ができますか？

手順2 目の前のイメージした場所に移動し、自分の中にイメージを入れた時、エネルギーが湧いてくると感じますか？

【ワーク解説】

エネルギーが湧いてくる感じがする時、もしくはワクワクするような感じがする時の感覚と、イメージした10年後の理想のあなたを覚えておきましょう。

一度だけではイメージを忘れてしまうようなら、何度も繰り返しイメージしてください。絵に描いても、箇条書きにしても良いです。

一回でも潜在意識は覚えていることはありますが、何度も繰り返し学習した自分像のほうが強く作用することが多いです。

このワークは、あなたのセルフイメージを書き換えるためのものですから、何度も何度も繰り返すことで潜在意識に学習させてください。

もし、エネルギーが湧いてくるイメージではない時は、より具体的に、よりワクワクするような10年後の理想のあなたを考え直してみてください。

最初は誰かが言っていた理想が出てくるかもしれません。繰り返すうちに、あなたが望む理想の自分が必ず見えてきます。

【今回の心得】

自分の理想像を潜在意識に学習させる

体感ワーク

20 応援者の力を借りる方法

このワークの目的

応援者の力を借りることで体感が変わるワークです。

ここぞという勝負の時、どうしたら良いかわからなくなった時、尊敬するあの人はどう振る舞っていたか、あの人だったらどう考えるか…。

そんなふうに思いを巡らせて、いざという時を乗り越えた経験はありませんか？

いざという時に限らず、日常的に影響を受けたい人の知恵や話し方、感情について鮮明にイメージすることで、あなたの力となります。

何かを会得する時、「守破離」の守は真似ることから始まります。

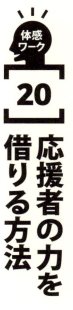

夫婦が何十年も連れ添うと、自然と立ち振る舞いや顔立ちが似てくることがあります。

夫婦の場合、真似ようと意識せず近くにいるだけなので似るまでに時間がかかりますが、意識してその人の特徴、特に真似したい部分を鮮明にイメージして短時間で自分に取り込むことも可能です。

【このワークでわかること】

鮮明なイメージが潜在意識に入るとエネルギーが変化することを体感できます。

【やり方】

手順1 ペアでAさんBさんを決めます。

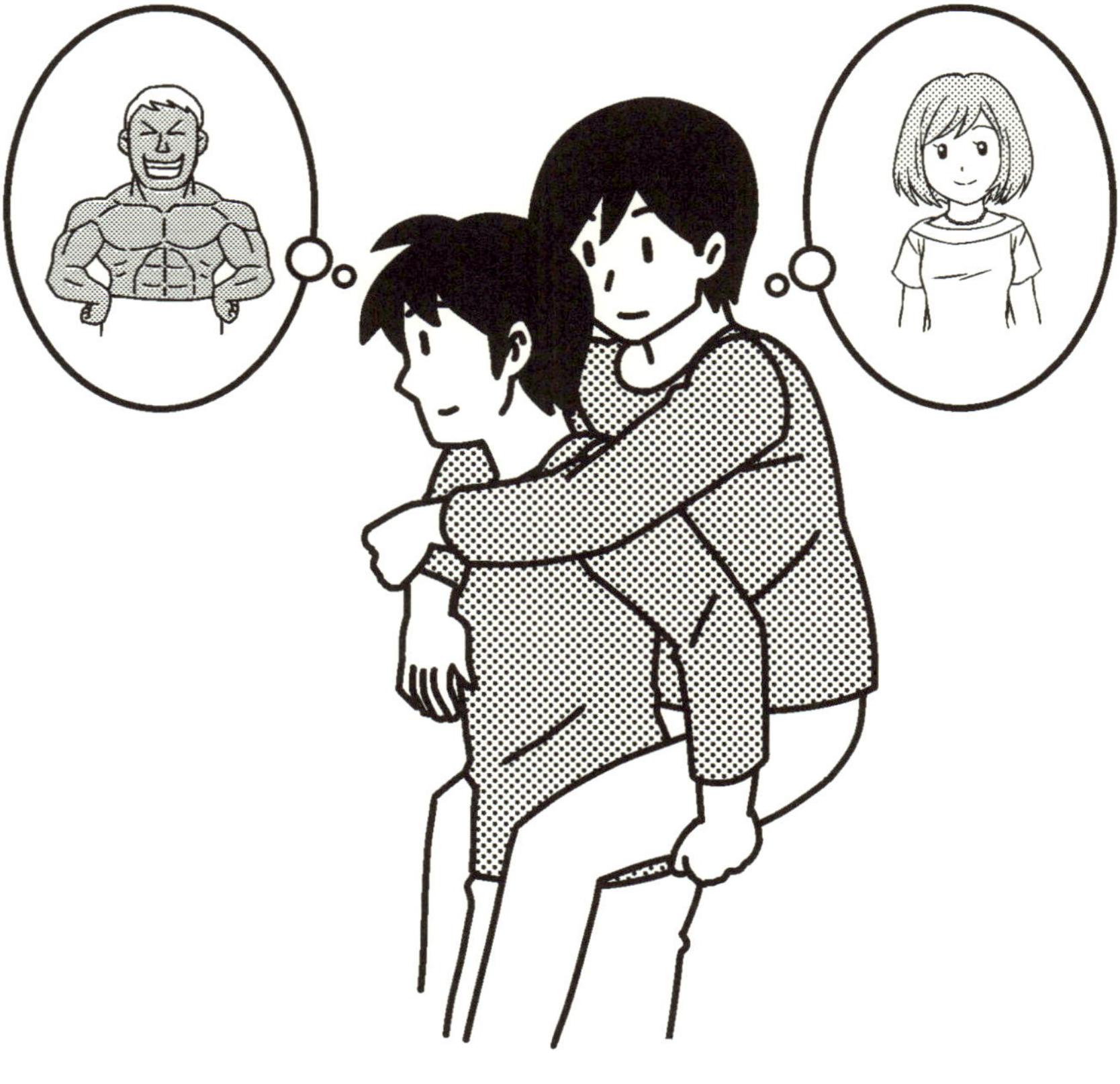

手順2 Aさんは隣の空間に女の子をイメージします。具体的に、顔、表情、洋服、アクセサリー、体格まで詳細にイメージします。

手順3 Bさんは隣の空間にマッチョな人をイメージします。具体的に、顔、表情、洋服、アクセサリー、体格まで詳細にイメージします。

手順4 Aさんは女の子の空間に、Bさんはマッチョな人の空間に移動してイメージの中に入ります。

手順5 イメージの中に入った状態で、AさんはBさんをおんぶします。

手順6 AさんBさんのイメージの場所を入れ替わり、イメージの中に入った状態で、AさんはBさんをおんぶします。

手順7 もう一度、Aさんは女の子の空間に、Bさんはマッチョな人の空間に移動してイメージの中に入り、AさんはBさんをおんぶします。

※役割を交代して試してみましょう。

【ワーク解説】

女の子の場所に入った時、力が入りにくです。
マッチョの場所に入った時、強い力が出やすいです。
あなたはどんな時に、誰の力を借りたいと思いますか？

これは力だけではなく、行動、知恵や話し方、感情についても同じような影響を受けることができます。

自分の成功イメージに近いことをしている人の得たい力を鮮明にイメージして潜在意識に入れることは、その人の力を借りるとも言えます。

また、その人はあなたに力を貸してくれるので、とても力強い応援者です。

【今回の心得】

成功者を自分の応援者にする

体感ワーク

21 情報収集があなたを成功に導く

このワークの目的

相手の情報を収集することで、あなたを成功に導くワークです。

新しいプロジェクトを行う時や、新しい分野に参入する時、始めるに当たって必要な情報を調べ、解析し、どのように仕事を進めるか検討していきます。

交渉の際も同じです。相手について情報を持っていることが鍵になります。

相手と話すだけでなく、家庭環境や学校関係などプライベートな事を知っておくことで、相手に押されることなく対応することができます。

文字情報として確かめる情報の大切さは、こうしてあらためてお伝えしなくても皆さんご存じでしょう。

文字情報として相手を知ることも大事ですが、非言語情報として五感を通した体感で相手を知ることがはるかに強い攻略の鍵となります。

【このワークでわかること】

情報の大切さを体感ワークを通して感じることができます。

【やり方】

手順1 肩幅に足を開き、腰に手を当て、手のひらを平らにして合わせ、ゆっくりと力を加えます。

手順2 力の弱かった人をAさん、強かった人をBさんに決めます。

手順3 AさんはBさんを後ろから少し持ち上げます。

手順4 持ち上げた時の感覚を維持したまま、肩幅に足を開き、腰に手を当て、手のひらを平らにして

合わせ、ゆっくりと力を加えます。

手順5 Bさんは Aさんを後ろから少し持ち上げます。

手順6 持ち上げた時の感覚を維持したまま、肩幅に足を開き、腰に手を当て、手のひらを平らにして合わせ、ゆっくりと力を加えます。

【ワーク解説】

持ち上げてからのほうが力が入ります。

持ち上げた感覚は、相手の情報です。

潜在意識は未知なものに対してパワーを発揮できないという特徴があるため、相手と戦う前に相手の情報を十分に知ることが必要となります。

孫子の兵法に「彼を知り己を知れば百戦殆うからず」とあるように、成功のために必要な情報は相手のことだけとは限りません。

自分のことも、見た目、話し方、得意なこと、苦手なこと、バイアスなど、客観的に分析している必要があります。

成功のためには、自分のことも、相手のことも、ビジネスも、五感を使った情報収集が鍵です。

【今回の心得】

五感を使った情報収集が成功の鍵

COLUMN

この本の基礎となっている孫子について

孫子の教えは世界各国で学ばれています。

日本でも武田信玄の旗印「風林火山」が孫子からの引用であることは有名です。

そして同じ時期の覇者、徳川家康も孫子を学んでいました。

現代でも孫正義氏やビル・ゲイツ氏が孫子の兵法から学んで成功してきた事を明らかにしています。

孫子というと孫子の兵法が有名ですが、私は３つの分野を受け継ぎました。

兵法（兵術ともいいます）、医術、体術です。

兵術は戦争という究極のサバイバル状況で個人の心理から、軍団全体の心理をどのようにエネルギーに変換し、士氣を高めることでいかに勝つか？ ということを探求したものです。

医術は戦争の際に医者に頼ることなく、どんなケガや病氣も自分自身で治す為の究極の方法をまとめたものです。戦争時には自分で体調を管理していくことが必要です。

体術は一人一人が身体で実践する究極のメソッドで１対１や１対多人数のエネルギーコントロールを目的としています。

この本は主に体術の一部をわかりやすくまとめたものです。

深い孫子の知恵を堪能いただければ幸いです。

[第 5 章]

人間関係を良くする

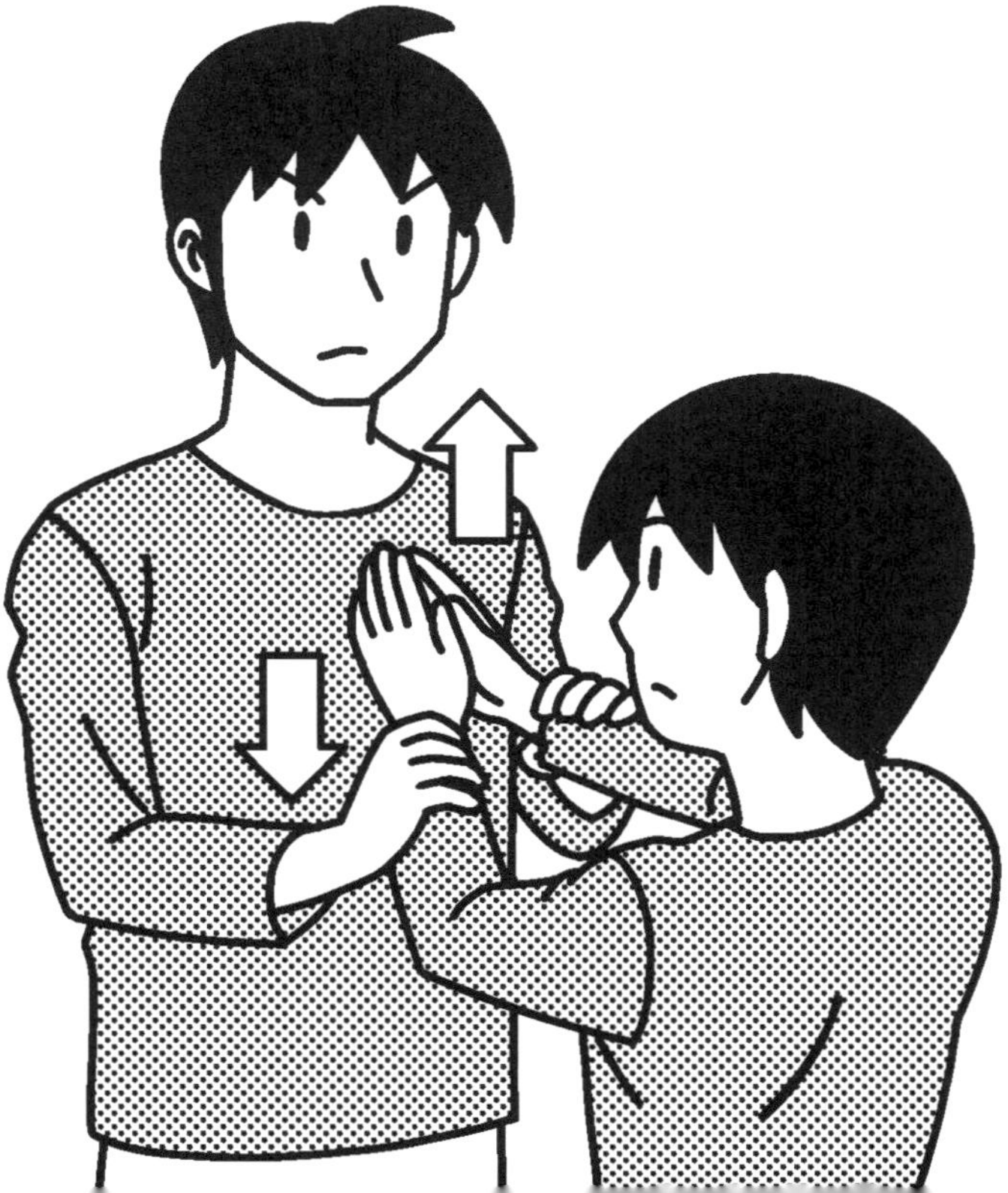

体感ワーク

22 感謝の力が10人の男を吹き飛ばす

このワークの目的

深い礼と感謝の言葉は、10人を動かすほどの力になることを確認するワークです。


プラス思考の最高の形は、感謝です。

「人生で成功させてくれてありがとう！」の想いを言語化し、それに従って行動すれば、素晴らしい結果を生むこととなります。

結果が欲しいからそう言うのではなく、結果がすでに生じていると本当にわかっていて口にするのであれば、すべてうまくいくようになるのです。


また、言葉にできない想い・感謝の念を、行為や形で伝えるのが礼です。

礼には真心が求められ、虚礼では力を発揮することができません。

感謝がどれほどの力を発揮するのかを知り、礼に込められるエネルギーの高さを実感してください。

【このワークでわかること】

感謝と礼を通して、想いを言語化し、それに従って行動すれば、素晴らしい結果を生む（力を発揮できる）ことを体感できます。

【やり方】

手順1 10人で縦1列になり、前の人の肩に手をかけて並びます。

手順2 別の一人（11人目）が一番前の人を押します。

手順3 11人目の人は、10人全員が見える位置に立ち、一人ひとりへの感謝の思いを胸に「いつもありがとうございます。よろしくお願いします」と深く礼をします。

手順4 手順2と同じように、一番前の人を押します。

【ワーク解説】

手順2では、最後の人まで力が伝わらず、動きません。

しかし、手順4では一番後ろまで力が浸透し、10人が総崩れに

なります。

このワークは、人に感謝を表すことが、実は自分にとって大きな力になっていることに氣づいてもらうワークです。

日本人は、日常でも意識せずに感謝の言葉を口にしています。

「いただきます」「ごちそうさま」「ありがとう」「行ってきます」「ただいま」など、主語のない言葉に感謝が込められています。

「知足者富」（足るを知る者は富む）

老子の言葉ですが、「自分の外にばかり目を向けず、自分の内側に目を向ける」ことが大切です。

「もっと欲しい」と感謝も満足もなく不満を想うばかりでは、力は発揮できないということです。

【今回の心得】

「礼」と「感謝」をいつも忘れずに

体感ワーク

23　自分へも感謝することで力が発揮できる

このワークの目的

他人への感謝だけでなく、自分へ感謝することの大切さを知るためのワークです。

「[22] 感謝の力が10人の男を吹き飛ばす」で、感謝が大事なことをお伝えしました。

感謝の対象は、他者だけではなく、あなた自身の身体にも当てはまります。

私たちが今の姿で生まれてくるには、受精という天文学的な確率を経てきました。

奇跡的にいただいた自分の身体にも感謝をすることで、より一層力を発揮することができるようになります。

この想いを持つと、起こる事象についても

「どのようなことを学ばせようとしているのか？」

「どのようなことに活かせるのか？」

「どのように改善すればもっとうまくいくのだろうか?」

と、一つひとつが有難い体験であることを実感するようになります。

ところが、自分に対してネガティブなイメージの言葉を投げかけると、力を発揮することができなくなってしまいます。

感謝は自分の身体にも影響を与えます。自分の身体にも感謝をすることで、より一層力を発揮できるようになることを体感してください。

【このワークでわかること】

プラス思考の最高の形は感謝であり、他者だけではなく自分の身体にも影響を与えます。

自分の身体にも感謝をすることで、より一層力を発揮することができるようになります。

また逆に、自分に対してネガティブなイメージの言葉を投げかけると、力を発揮することができなくなってしまいます。

【やり方】

手順1 イラストのように前屈します。この時、どこまで体が前屈できるのかを確認します。

手順2 まっすぐに立ち、深呼吸します。

手順3 胸に手を当て、ゆっくりと「私の身体に感謝します」と言って、もう一度前屈します。

手順4 まっすぐに立ち、もう一度深呼吸します。

手順5 胸に手を当て、ゆっくりと「さらに私の身体に感謝します。ありがとう」と言って、もう一度前屈します。

手順6 まっすぐ立ち、さらに深呼吸します。

手順7 胸に手を当て、「私は自分自身が腹立たしい」と言って、もう一度前屈します。

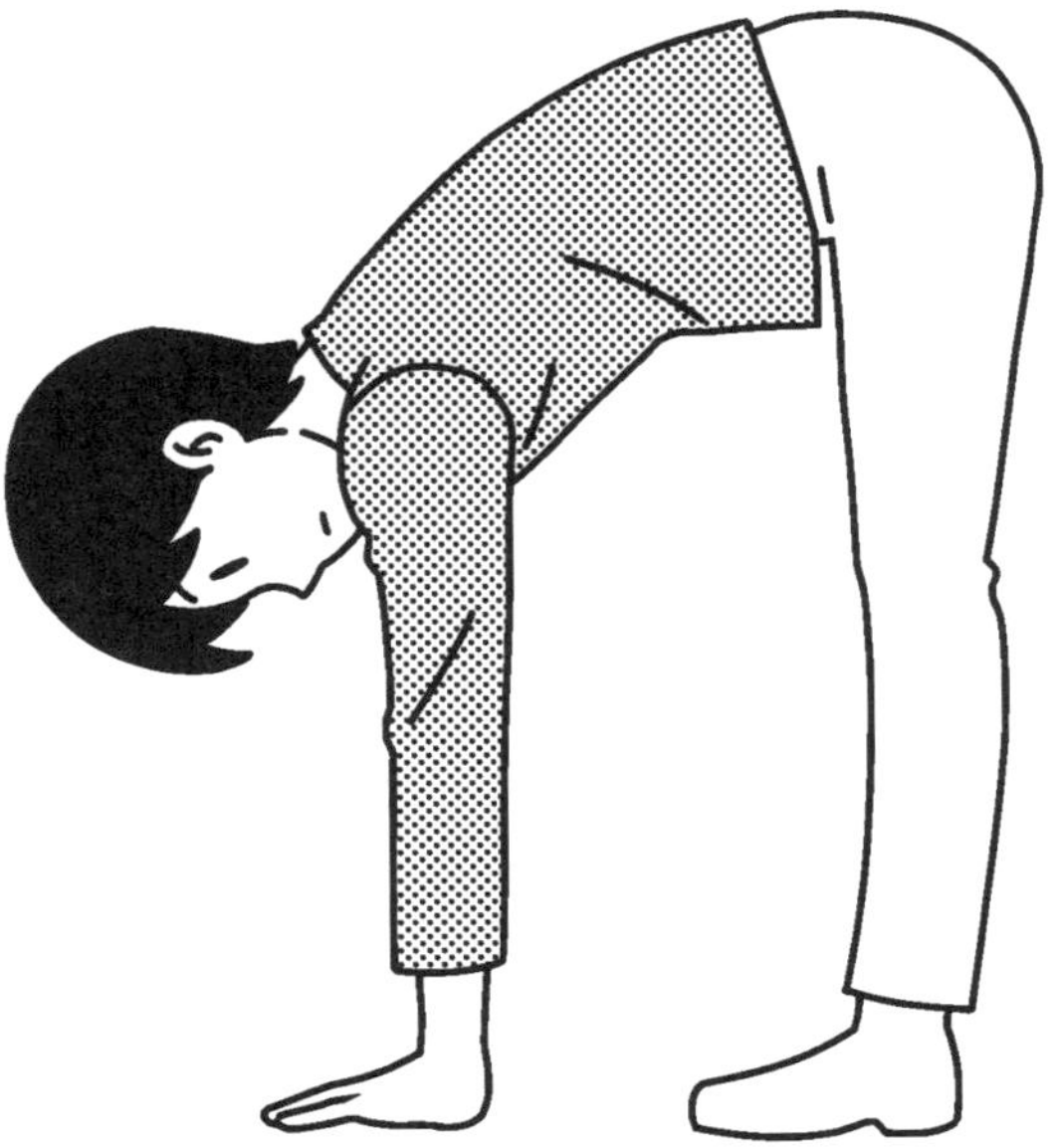

【ワーク解説】

「私の身体に感謝します」→「さらに私の身体に感謝します、ありがとう」を行うに従って、体の柔軟性がアップします。

あなたが、あなた自身の身体に感謝することによって、身体のストレスが減っていくからです（よりリラックスした状態になっていきます）。

より強く想うほど、ストレス状態が緩和されていくこととなります。

感謝は他者のみならず、自分の身体にもすることで、より一層力を発揮することができるようになります。


これとは逆に、「私は自分自身が腹立たしい」など自分に対してストレスを増やす言葉は、体から柔軟性を奪うことになります。

より強く、頻繁に行うごとに、力をどんどん奪っている状態になります。

人はたくさんの声にならない言葉を自分に投げかけています。

「自分って駄目だなあ……」

「また失敗してしまった……」

こうした言葉が身体のストレスを増やしていき、あなたの力を奪うことになってしまうのです。

よって、日頃から自分に投げかける言葉にも注意することが必要です。

【今回の心得】
自分の身体にも感謝

体感ワーク

【24】礼儀作法の力

【このワークの目的】

単純な礼も、実は大きなパワーを秘めていることを体感するワークです。


ここで少し、礼についてお伝えします。

礼とは、相手よりも自分を下と見てする、媚びへつらう心や卑屈さで行うものではありません。

これは謙虚さを間違えて解釈しています。


「礼に始まり、礼に終わる」というように、物事には始まりがあり、終わりがあります。

「これから始めさせていただきます」「おかげさまで終わることができました」

このけじめが礼であり、感謝の表現です。


礼は「心技体」からなります。

心と、技と、体によって、礼は成り立つのです。

心は礼の中心、技は礼の行い、体は礼の形であり姿勢です。すなわち、自己がしっかりとしていないと「虚礼」となり、力が発揮できないことになるのです。礼とは感謝の表現であることを体感してください。

【このワークでわかること】

礼が表現する感謝の力を感じることができます。

【やり方】

手順1 ペアでAさんBさんを決めます。

手順2 AさんはBさんの前に立ち、BさんはAさんの背中に手を当てます。Aさんは後進します。

※この時の力の入り具合を確認します。

手順3 お互いに礼をします（Aさんがより深くお辞儀をします）。

※礼をする時の注意事項：首・背中・腰がまっすぐな状態で太ももの付け根に手を当てて礼をし

ます。

手順4 Aさんは Bさんの前に立ち、Bさんは Aさんの背中に手を当てます。Aさんは後進します。

手順5 お互いに礼をします（今度は Bさんがより深くお辞儀をします）。

手順6 Aさんは Bさんの前に立ち、Bさんは Aさんの背中に手を当てます。Aさんは後進します。

※役割を交代して試してみましょう。

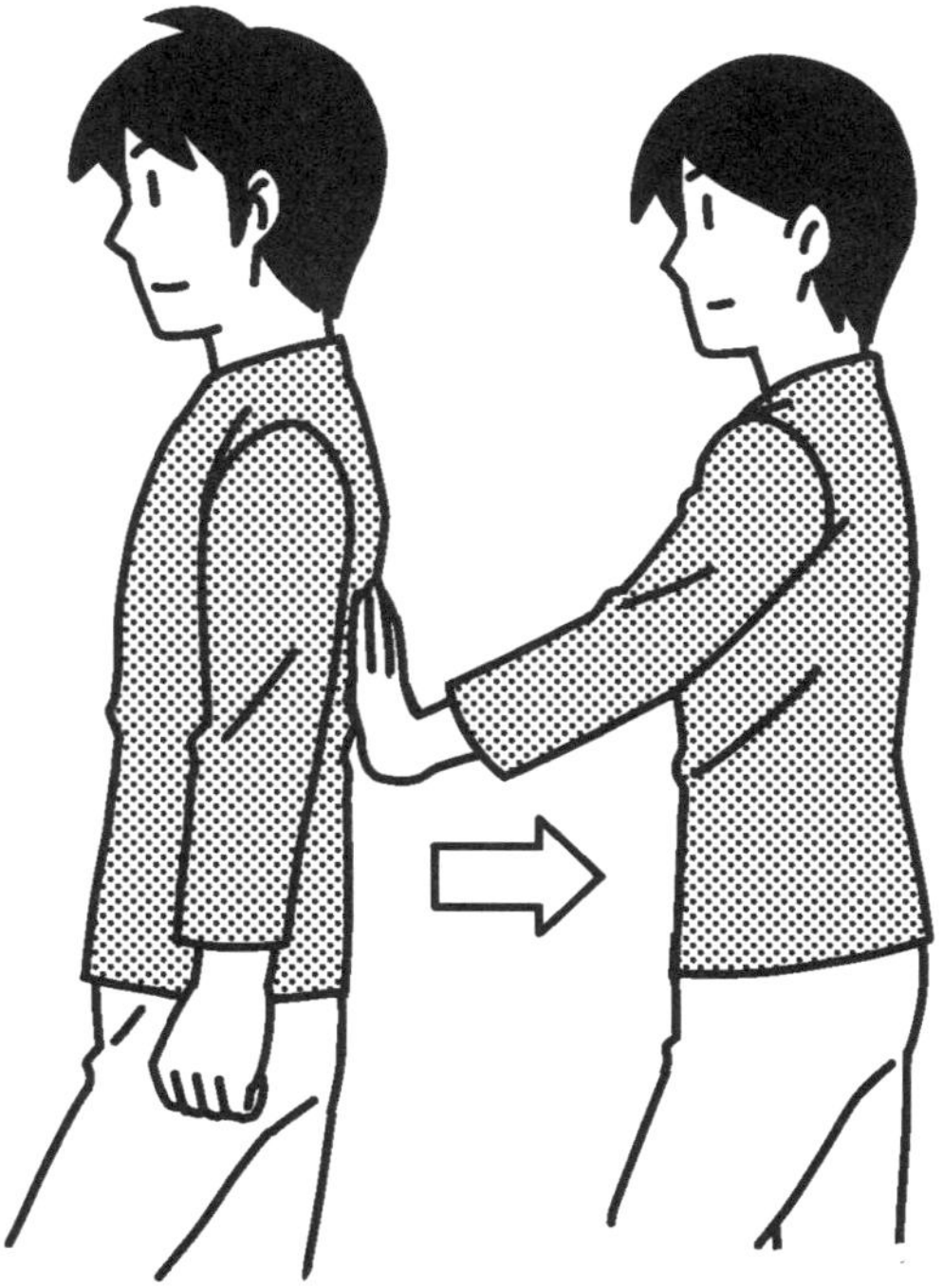

【ワーク解説】

より深くお辞儀をした人のほうが、力が強くなります。

つまり、相手より先に、より深く礼をすることは、相手への敬意を示すだけでなく、自分の力にもなります。

礼をしている時、どのような感情があったでしょうか？

少なくとも、マイナスの感情は持っていなかったのではないでしょうか？

マイナスの精神である批判や心配というのは、最悪の精神活動のひとつです。自己破壊的な憎悪の次に悪い、と言われています。

この「礼」の習慣を、普段の生活に導入してきた日本人は偉大ですね。

【今回の心得】

礼は「心技体」で成り立つ

体感ワーク

【25】他の人を知り理解する効果

【このワークの目的】

相手を知ることで、不安を主体的に解消することができることを知るワークです。

人の潜在意識の奥底には、

1. 他人との無意識の意思疎通

2. 人類が歴史で培った価値観や知恵の蓄積

3. 意識では認知できないレベルでの敏感なセンサー

が働いています。

他人との無意識の意思疎通ができれば、心配や不安は少なくなります。

特に「見えていない部分」があると、心配や不安はすぐに現れます。

彼れを知りて己を知れば、百戦して殆《あや》うからず。
彼れを知らずして己を知れば、一勝一負す。
彼れを知らず己を知らざれば、戦う毎《ごと》に必らず殆うし。

彼れ（相手）を知ることが大切。知るは、不安を主体的に解消する第一のステップです。

【このワークでわかること】

他人との無意識の意思疎通ができれば、心配や不安は少なくなります。

そのためには、まず相手を知ることが**第一のステップです。**

【やり方】

手順1 ペアでAさんBさんを決めます。

手順2 Aさんは手を合わせ、Bさんは Aさんの両手首を持ち、Aさんの手を上下に離そうと

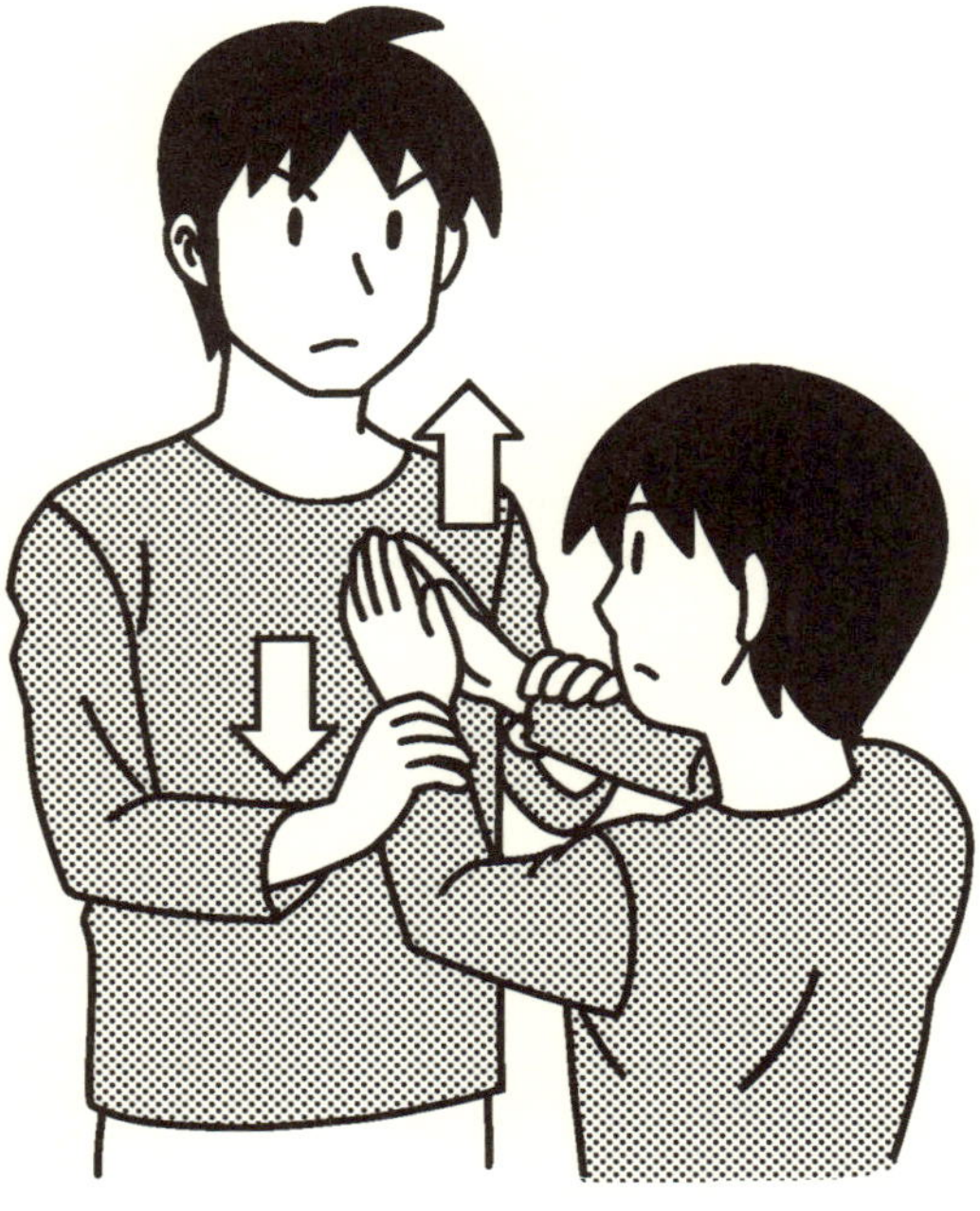

ゆっくりと力を加えます。

手順3 Aさんは、Bさんの周りをぐるっと360度観察します。

手順4 もう一度Aさんは手を合わせ、BさんはAさんの両手首を持ち、Aさんの手を上下に離そうとゆっくりと力を加えます。

手順5 Bさんは、Aさんの周りをぐるっと360度観察します。

手順6 もう一度Aさんは手を合わせ、BさんはAさんの両手首を持ち、Aさんの手を上下に離そうとゆっくりと力を加えます。

※役割を交代して試してみましょう。

【ワーク解説】

Aさんが観察した場合、Bさんが観察した場合のそれぞれ、観察した人の力が強くなります。

360度観察することは、相手への目配り、氣配りにつながります。

相手への目配り、氣配りは、相手のためになるだけでなく、自分の力にもなります。

お客商売などをされている方は実感していると思いますが、目配り氣配りはコミュニケーションや交渉に強力なパワーとなります。

コミュニケーションが上手な人は、聞き上手であったり、会う前に相手のことを調べていたりします。

こうしたことも、相手に喜んでもらうとともに、その喜びを力に変えている、とも言えます。

当たり前ですが、人はひとりでは生きられません。

「他者」（人以外の存在も含む）との関わりがあって初めて、生きることができます。

関わりも、主体的に起こすことで力を発揮することができるようになります。

【今回の心得】

彼れを知る

体感ワーク

26 氣持ちを伝えれば相手が変わる

このワークの目的

氣持ちを相手に伝えることで、不安を解消するワークです。

「[25]他の人を知り理解する効果」では、「自分の」心配や不安を少なくすることを行いました。
続けて、「相手の」心配や不安を少なくすることをワークを通して体感します。

他人との無意識の意思疎通をするために、自分の心の「見えていない部分」を「見える化する」ということです。

つまり、想いを伝えます。

知るだけでなく知らせることも、不安を主体的に解消する方法です。

勝ちたいという感情や欲求もなく、戦うという概念もなくなり、敵は存在しなくなります。

【このワークでわかること】

他人との無意識の意思疎通をすることができれば、心配や不安は少なくなります。そのためには、相手を知ることだけでなく、自分を知らせることも大切です。

【やり方】

手順1 一人は床に横たわり、もう一人が起こします。

手順2 もう一度床に横たわってもらいます。

手順3 起こす人は相手の目を見て「大好きです」と言ってから起こします。

手順4 もう一度床に横たわってもらいます。

手順5 起こす人は相手の目を見て「大嫌いだ」と言ってから起こします。

手順6 もう一度床に横たわってもらいます。

手順7 起こす人、起こされる人、両方が同時に「大好きです」と目を見て言ってから起こします。

【ワーク解説】

何もせずに起こすと重く感じた人が、「大好きです」と言っただけで、何もしない時より軽く感じます。

逆に「大嫌いだ」と言ってから起こすと、さらに重く感じます。

起こされる側と起こす側が同時に「大好きです」と言うと、起こす側だけが言った時よりもさらに軽く感じます。恥ずかしいかもしれませんが、感情を込めて言うことが大事です。

私たちの体の動きは感情に強い影響を受けます。

どんなに理屈で説明させるよりも、感情を動かしたほうが相手の協力を得やすくなります。

そして、自分自身も好きな相手には協力しやすいことがわかると思います。

あなたが相手への感謝や配慮ができている人ならば、あなたの周りにはあなたの応援団がたくさんいるでしょう。

【今回の心得】

あなたの温かい氣持ちを伝えよう

COLUMN

武という文字の真の意味

武学で使っている武という字を見ると戦いをイメージする人が多いと思いますが、実際には全く逆の意味もあります。

武という字は分解すると二と戈と止になります。つまり『二つの戦っている戈（ほこ）を止める』という意味です。

武学の基本は相手を叩きのめすことではありません。

自分も負けないが相手も負けさせない、という基本概念を持つお互いを活かす学問です。

だから相手と対立して喧嘩するのが真の武ではありません。

相手と仲良くなって信頼関係を築き、対立点があったとしてもお互いが負けない方法を一緒に考え出すのが武学者です。

武学には相手のエネルギーと同化する技があります。

普通、人は誰かに押されるとそのエネルギーに反発して押し返そうとします。ところが私が相手のエネルギーと同化した上でその人を押すと、相手は反発できずに崩れてしまいます。

不思議がられますが、種を明かせば相手と一瞬で信頼関係を築いているだけなのです。

信頼する人には逆らえないことと同じ原理ですね。

こうした武学の真髄が今回の本に書かれている基礎となっています。私の公開セミナーではこのワークも行っています。関心のある方はおいでください。

［ 第 6 章 ］

チーム ビルディングの力

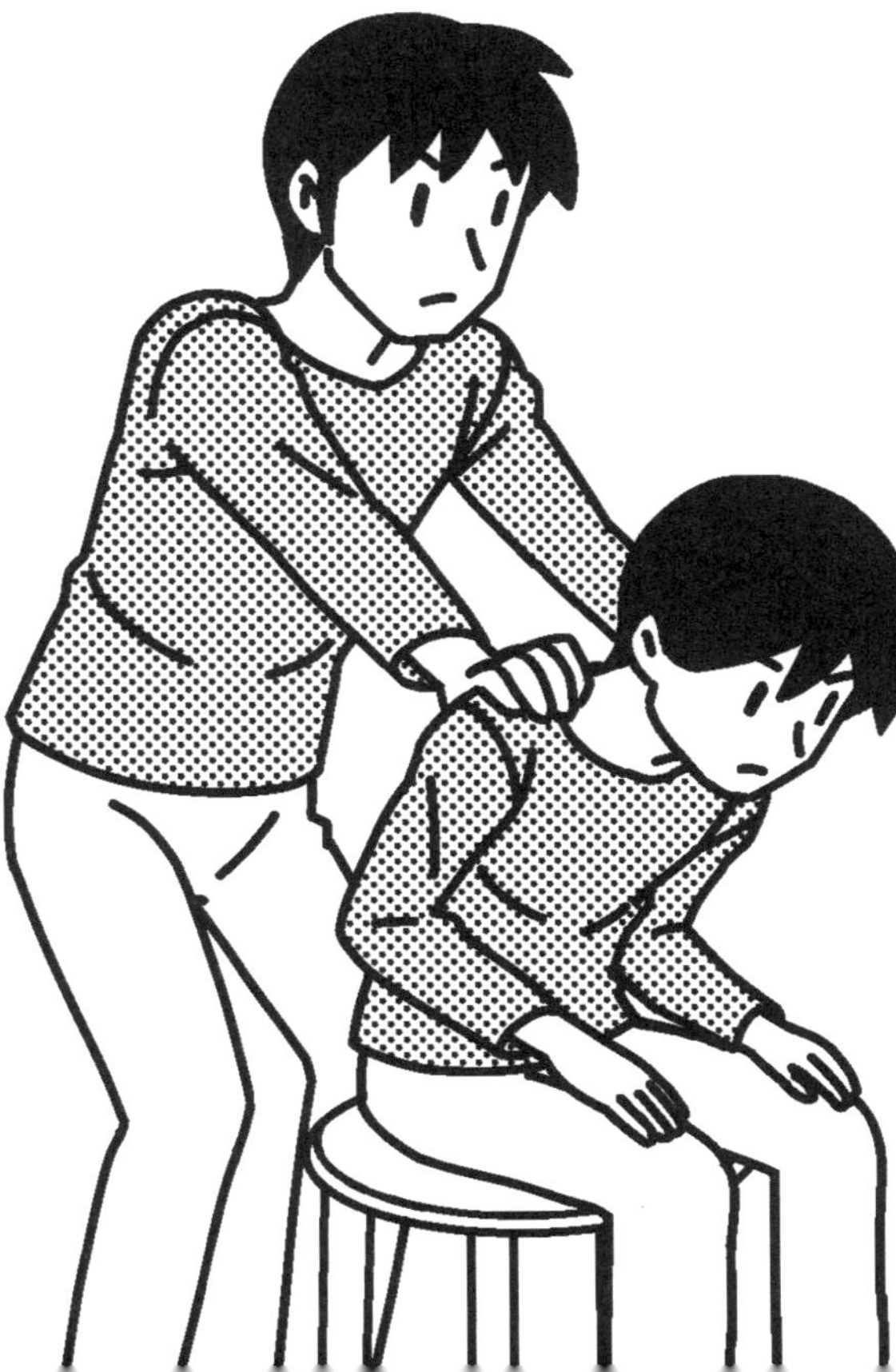

体感ワーク

27 あなたの成功はチームの人間に影響される

このワークの目的

周りの人の応援が、直接あなたの力に影響を与えることを体感してもらうワークです。
4人以上で行ってください。

武学の基本は「徳」。
徳を中心に生きている人は、心の良い人です。
また、徳を中心に生きている人とは、器が大きい人とも言えます。
器が大きい人とは、知的でありながら、さまざまなことを受け止められる人のこと。

「ジンザイ」は「人罪、人材、人在、人財」に分類できます。
人財は、物事を創り出す人。
人材は、使われる人、他の人でも代わることができる人。
人在は、いるだけの人、作業をする人。

人罪は、悪影響を与える人。

周囲に応援団がたくさんいる人は、より大きな力を発揮することができるようになります。

応援されることで力が発揮できることを知り、どのような人が応援される人なのかを感じてみてください。

【このワークでわかること】

応援されることで、人は持っている以上の力を発揮することができます。

「応援される人」になるということは、どんな人になることなのかを感じてみましょう。

【やり方】

手順1 AさんとBさんCさんを決めます。

手順2 Aさんは、側推法でBさんの肩を横から押し、力の入り具合を感じます。

手順3 Cさんは紙に「強くなれ」と書き、他の参加者に見せて「Bさんに対してこう思ってください」とお願いします。

手順4 Aさんは、側推法でBさんの肩を横から押し、力の入り具合を感じます。

手順5 Cさんは紙に「弱くなれ」と書き、他の参加者に見せて「Aさんに対してこう思ってください」とお願いします。

手順6 Aさんは、側推法でBさんの肩を横から押し、力の入り具合を感じます。

【ワーク解説】

Aさんは、「強くなれ」と思われた時は力が強くなり、「弱くなれ」と思われた時は力が弱くなります。

このワークから、声に出さなくても、人の応援は自分の力になるということがわかります。

つまり、人の成功を願え、人を応援できる友人をたくさんつくり、お互いに志を伝えあい、応援しあうことが成功の近道となります。

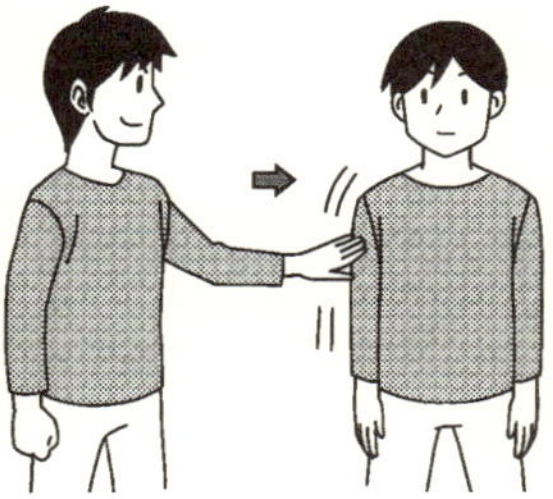

楽しい人の周りには、人がたくさん集まります。

楽しいは3種類。

「自分が楽しい」「みんなが楽しい（自分も楽しい）」「未来が楽しい」です。

みんなが楽しい状態を「チーム」で創り上げることができると、楽しいはさらに周囲に波及していき、あなたの応援団がどんどん増えていく、ということにもなります。

【今回の心得】

応援してもらえる人となる

体感ワーク

28 あなたの信念で周りの世界がつくられている

このワークの目的

あなたの思考が、潜在意識のレベルで相手に影響を与える体感ワークです。
ぜひ、AさんBさん両方を体感してください。

武学では、3つの創造の法則があります。

第一の法則
想像するとおりに、なる・できる。

第二の法則
感情は物事を引き寄せる。
不安にフォーカスすれば、不安を体験する。

第三の法則

楽も、苦も、自由に選び体験することができる。

人生は、あなたが予想するようにしか展開せず、考えることは現実になるのです。

【このワークでわかること】

起こる事象は、自分を創造し、経験するために、自分自身によって呼び寄せられるものなのです。

人生は、あなたが予想するようにしか展開せず、考えることは現実になるのです。

【やり方】

手順1 ペアでAさんBさんを決めます。

手順2 Aさんに両手を開いてもらい、腰を中心に水平に動いてもらいます。

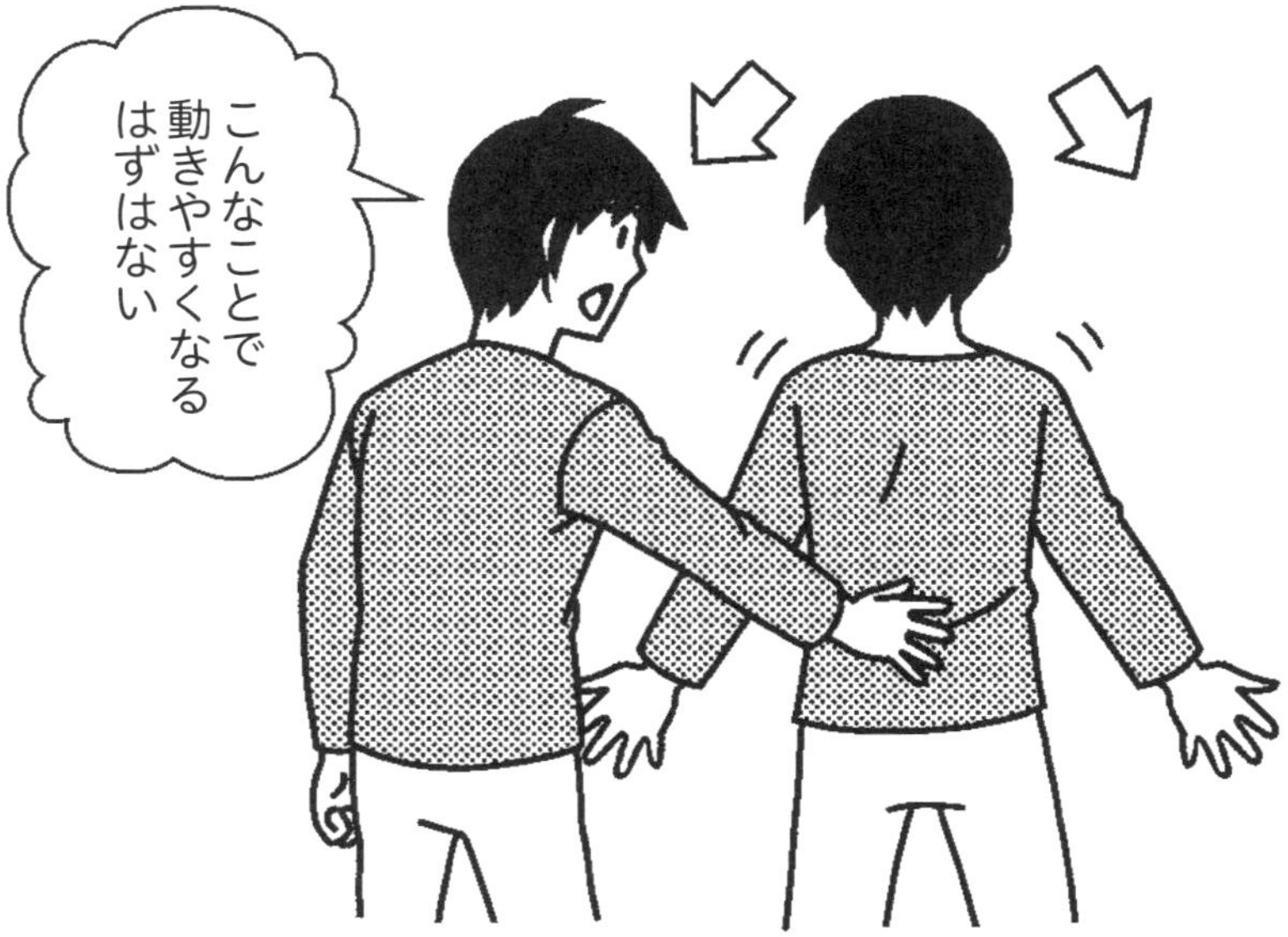

手順3 Bさんは Aさんの腰2番に軽く手を当てます。Aさんは動きやすくなったか、動きにくくなったか伝えます。

手順4 Bさんは「こんなことで動きやすくなるはずはない」と、心の中で言います。Aさんは動きやすくなったか、動きにくくなったか伝えます。

【ワーク解説】

ここでのポイントは、腰を動かしているAさんではなく、腰を押さえているBさんが疑問を抱くという点です。

多くの場合、Bさんが疑問を持った途端、Aさんの腰が動きにくくなります。

結果的に、あなたの疑念はそのまま失敗へとつながっていく。

あなたの疑念はそのまま相手に伝わり、あなたが信じたものはそのまま成就されます。

あなたの周りの世界は、あなたの思考でできているのです。

自分の環境は自分がつくり出しているという事実を受け入れるのは難しいことかもしれません。

しかし成功したいならば、あなた自身がそれを心から信じる必要があります。

ぜひ、今の自分の信念を書いてみましょう。次に、理想とする新しい世界の信念を書いてみましよう。理想とする新しい世界の信念を、より具体的に書き、立ち腕相撲や側押法でパワーが宿る言葉になっているか確認することで、あなたの成功が近づいてきます。

【今回の心得】

思考は現実化する

体感ワーク

29 共通の敵をつくって仲間とつながる方法

【このワークの目的】

共通の敵をつくって仲間とつながることを体感するワークです。

「[11] 問題を最高のパフォーマンスに変える方法」をわかりやすく応用します。

組織でも使えます。

「天使の世界」を「理念」に、「悪魔の世界」を「問題」に置き換えるだけです。

理念を追求していく上で、必ず問題は起こります。

当たり前ですが、「理念」があるから「問題」が発生するのです。

題名に「共通の敵」とありますが、「共通の不（問題）」とも表現できます。

「●●の問題解決をするために、一緒に○○しよう」

さらには、相手の問題を知ることで、「●●の問題解決をすることで、あなたの問題解決にもつながりませんか？」と伝えることもできるようになります。

【このワークでわかること】

理念を追求していく上で、必ず問題は起こります。

当たり前ですが、「理念」があるから「問題」が発生するのです。

「問題はパワーの源」とも言えます。

【やり方】

手順1　紙に天使の世界をイメージした絵を書きます。

手順2　紙に悪魔の世界をイメージした絵を書きます。

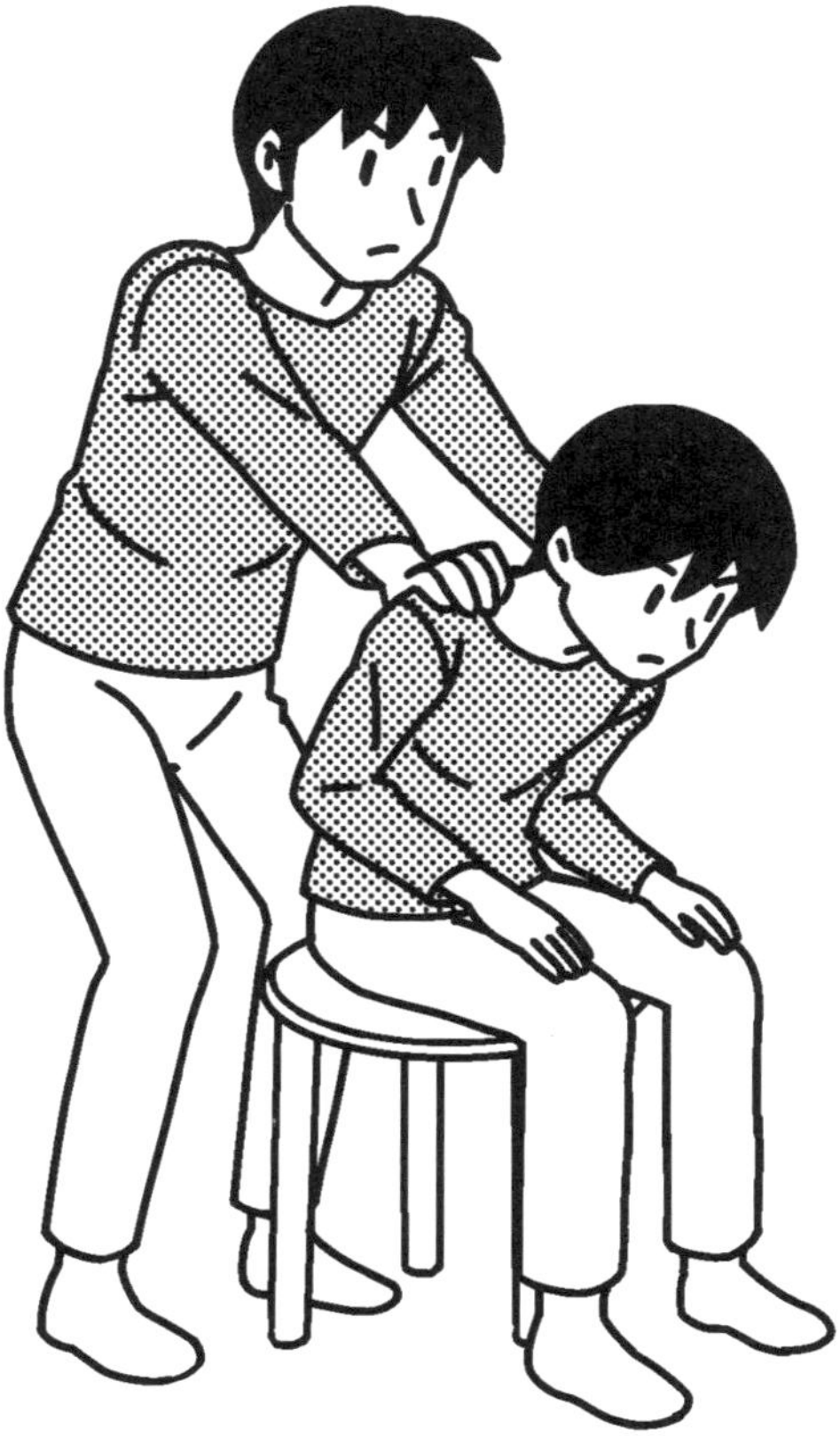

手順3 ペアでAさんBさんを決めます。

手順4 Aさんは椅子に座り、体を前に倒します。BさんはAさんの肩に手を当て、力を入れます。

Aさんは体をゆっくりと起こしていきます。

手順5 Aさんは天使の世界の紙を持って体をゆっくりと起こしていき、力の変化を感じます。

※この時の力の入り具合を確認します。

手順6 Aさんは悪魔の世界の紙を持って体をゆっくりと起こしていき、力の変化を感じます。

手順7 Aさんは天使と悪魔の両方の紙を持って体をゆっくりと起こしていき、力の変化を感じます。

【ワーク解説】

力の具合は強い順に、両方持った場合＞天使のみの場合＞何も持たない場合＞悪魔のみの場合となります。

この場合の天使は良いことを促進する力、悪魔は邪魔をする力を表すと考えられます。

つまり、他の人と協力する時には「○○しよう」とつながるよりも「○○を阻止して○○しよう」とつながったほうが仲間の力が出るのです。

これは、正義の味方が集結する時には悪の手先がいることにも通じますね。

良いことをする時でも、共通の敵をつくることができれば仲間のパワーが出るのです。ただし、ここで言う「敵」とは、ライバルだけでなく「問題」や「障害」にも当てはまります。

また、商売でこの方法を活用している人も多いですよね。

「この商品は、あなたの●●な問題を解決して、○○の状態にします」

これも同じ原理です。

【今回の心得】

問題はパワーの源

体感ワーク

30 チーム全体での目配りが生み出す力

このワークの目的

何に焦点を当てるかで、見える世界が変わることを体感するワークです。

今世界で起こっている問題は何ですか？　と質問すると、貧困・食料・飢餓・環境問題・戦争・差別・原子力・病氣……海外でも、小学校でも必ず同じ答えが返ってきます。

世界の問題は人類70億人の問題であり、個人の問題よりも問題の規模が大きくなっています。ミクロの視点からマクロの視点に上げることが大事であり、これを「抽象度を上げる」とも言います。「抽象度を上げる」のは、より高い視点から俯瞰することとも言えます。

何に焦点を当てるかで、見える世界は変わります。

逆に、焦点を当てたもの以外を見えなくする「スコトーマ（盲点）」の心理的機能も、私たちは持っています。

「抽象度を上げる」ことで、より大きな視野を持てることとなります。

もちろん、一対一の場面では相手に注意を向けます。

チーム全体にも目配りをしながら、個々の人にも目配りすることが大切です。

「抽象度を上げる」を体感し、俯瞰の度合いによって見えなくなるものがあることを知ります。

【このワークでわかること】

何に焦点を当てるかで、見える世界は変わります。

逆に、焦点を当てたもの以外を見えなくする「スコトーマ（盲点）」の心理的機能も、私たちは持っています。

【やり方】

手順1 4～5人くらいでチームをつくります。

手順2 1人をターゲットと設定して、その人に向かって他の人は歩きます。

手順3 ターゲットに設定された人は、向かってくる特定の人に意識を向けて避けて歩きます。

手順4 ターゲットに設定された人は、360度全体に意識を向けて避けて歩きます。

【ワーク解説】

特定の人に意識を向けて歩くと別の人にぶつかってしまいますが、360度全体に意識を向けると誰にもぶつかりません。

これは、チームで動いている際に、ひとつのことにばかりフォーカスすると別のところで問題が勃発する可能性を示しています。

チームワークを保ちながらうまく事を運ぶには、全体に意識を向けている必要があります。

全体は部分の集合であり、部分は全体の一部です。

全体最適と部分最適、どちらにも目を向ける必要がある、ということです。

脳の機能として、自分に必要な情報以外は存在していても見えていない、というものがあります。

つまり、認識しないのです。

何を必要な情報とするかを、常に大所高所から注意を向けておくことも大切なのです。

【今回の心得】

抽象度を自在にコントロールする

COLUMN

勉強が嫌いだった私が知識を身につけた方法

実は私は子供の頃から勉強が大嫌いで喧嘩ばかりの毎日でした。大人になって世界中の素晴らしい人から教えを頂いたり講演であちこちに呼ばれている姿は当時を知る友人は誰も予想しなかったことでしょう。

なぜそんな私がたくさんのことを学べるようになったかをお話しします。それは簡単に言いますと頭ではなく身体で学習しているからです。学生時代は座学は楽ではありませんでした。でも今は身体を使うことでもっと簡単に覚えられます。

やり方をご説明します。まずビジネスで使えるノウハウを学んだらそれをすなおに実行します。他のノウハウと比較したり批評したりせずまずはやってみましょう。比較や批判は思考を使うので間違いやすいのです。

学んだことを実行した時に自分の体は喜んでいるか、氣持ちが良いかを感じます。もしその氣持が強ければきっとそのやり方はあなたにとって正しいやり方なのです。

私たちはどうしても頭で考えてしまいます。これが正しいとか、これがみんながやっているからとかです。でもそういうふうに思考に頼りすぎると迷いが出てしまい正しい判断ができなくなります。でもその時の感情や身体の動きをきちんと感じ取れれば正しい判断ができるものです。

この本のワークを行ったなら、その時の感情や身体の力の感覚を覚えてください。そうすれば何が自分にあっているかがわかるはずです。自分にあったワークを生活の中で実践し続けることでワークが成功法則として身体に染み込んでいくことでしょう。それがあなたの習慣となれば、あなたを成功者として導いてくれます。

［第7章］

成功法則を日常に取り入れる

01 毎日行えば確実に結果を出せる

第3章から第6章の体感ワークでは、成功のために必要なことを「体感」を通して実感していただきました。ですが、結果を出すためには、成功に必要なマインドセットや行動を毎日行うことです。

大切なのは、素直にやってみることです。すぐに結果は出ないかもしれません。期待した結果が出なくてもがっかりしないことです。

本書から少しでも学びがあったら、必ず実行してください。自分の力の強さの変化を感じるように意識してください。

毎日行うことで、自分の身体の感覚に敏感になり、より身体の声を訊くことができるようになります。身体の声を訊くことができるようになると、頭と体、顕在意識と潜在意識に矛盾がなくなってくるため、結果が出やすくなります。

毎日いつでもできることをご紹介します。

❶相手より先に、より深く、「ありがとう」の氣持ちを込めて礼をする

❷仕事相手や仲良くなりたい人の情報を知っておく
❸第４章の「自分を変革するアファーメーションをつくる方法」で見つけ出した言葉を唱える
❹あなたにとっての成功のイメージを鮮明に思い描く
❺主体的に仕事をしているとの認識を持つ
❻自分の周りの人やお客様への目配り、氣配りを意識して行う
❼相手に対して「大好きです」という氣持ちで接する
❽今の自分の信念を書き出し、毎日唱え、違和感が出てきたら見直す

これらの内容自体は、普段から行っているかもしれません。ですが、どのような氣持ちを込めて行うか、どこに意識を向けて行うかによって結果が変わってきます。

02 最初に行うこと

身体に訊く際、毎回最初に行うことは、「YES／NOのチェック」です。

人と話したり、どこかの場所に行った時に、反応の出方が変わることがあります。変わることはまれですが、確認しておきます。

その上で、あなたの成功のために、最初に行うことをご紹介します。

❶潜在意識から情報を取り出す

潜在意識から情報を取り出す方法は2つあります。

1つは、具体的な質問をすることです。具体的な質問を紙に書いて置いておくと、潜在意識が自動的に答えを出してくれます。自分で答えがわかったり、本や人から答えを得られるなどさまざまな仕方で答えが出ます。

もう1つの方法が、本書でご紹介している直接自分の身体から答えを引き出す方法です。

具体的な質問を出して、それを紙に書き、身体にYESかNOを訊きます。

毎日たくさんの質問をする習慣が身につくと、問題はどんどん解決していきます。

そのためには、具体的な目標があると質問が出やすくなります。

❷志と目標をつくる

志と目標を書き出します。この時、広範囲の人に良い影響を持つ目標に広げてみてください。

さらに、志と目標を発表すると、力が湧いてくるのを感じます。

志と目標を一文にすると、次のようなフォーマットになります。


『私は○○で困っている大勢の人を△△を使って助けます。そのためにはまず具体的な目標を□□とし x 年 x 月 x 日まで達成します』

❸「私が責任を持って行います」と書き加える

❶の質問を書く時や❷の志と目標を書く時、「私が責任を持って行います」と書きましょう。
毎日質問を書く時は、毎日「私が責任を持って行います」と書き加えてください。

すべては自分との戦いだと腹をくくることで、パワーが出てきます。

03 朝起きたら行うこと

朝起きた時に次のことを日課にしてください。一日を過ごす活力が出てくるだけでなく、物事が好転していきます。

❶あなたの志と目標、そして「私が責任を持って行います」を唱えます。

❷礼の中で最も強力な座礼をします。

座礼は正座の姿勢から、

①首と背骨をまっすぐにしたまま、左手、右手の順で手を前につきます。

このとき、両手の親指と人差し指で三角形を作ります。

②両手で作った三角形に向けて、首筋と背骨が床と平行になる状態まで深くお辞儀をします。

04 困った時、悩んだ時に行うこと

困った時、悩んだ時は、身体のエネルギーが滞っている状態とも言えます。次のワークを行って、身体にエネルギーを充満させ、問題を最高のパフォーマンスに変えてください。

❶あなたの悩みを解決する ポジティブシンキングとネガティブシンキングの影響力

自分の中のポジティブなメッセージとネガティブなメッセージを書き出してみてください。

ポジティブの数とネガティブの数がほぼ一緒で、バランスが取れているなら、ネガティブメッセージがあってもOKです。どちらか

氣分が落ち込んできたよ
ワークで心を整えよう

に偏っているならバランスを考えてみましょう。
ポジティブをネガティブの表現で考えてみると、どのような表現ができますか？
ネガティブをポジティブの表現で考えてみると、どのような表現ができますか？

❷落ち込んだ心を整える方法

胸を張り上を見る体勢は、心を明るくします、猫背になって下を向く体勢は、心を暗くします。

ただ、明るくなる体勢も人それぞれです。胸の張り具合や、手を上げるかどうか、口角を上げるかどうかなど、あなたが明るくなる体勢を見つけてみましょう。

❸一時的なつらいことを主体性を持って克

服する

つらいことが何か明確にします。そのつらい状況に「置かれている」と考えるのではなく、「つらい状況を受け止めている」と考えてみてください。どうすればつらい状況から抜け出すことができるのか、何か次に活かせることはないかを考えてみてください。

❹理想の自分を想像する

10年後の理想のあなたはどのような人で、どのような場所にいて、どのような生活を送っていますか？　理想を考えている時はネガティブになりにくく、具体的に理想を思い浮かべることができれば、その理想は現実となります。

05 お客様と接する時に行うこと

あなたの思考は、潜在意識のレベルで相手に影響を与えます。無関心、懐疑心、敵意などは相手に悪影響となってしまいます。また良かれと思っても、相手に○○になってもらおうと強く考えると相手の動きに悪影響となります。

相手に対する純粋な関心が、相手に最も良い影響を与えるのです。例えば、営業は相手を動かして契約を取ることが仕事ですね。でも、いきなり相手を動かすことを考えるのではなく、相手への純粋な関心を持って接することで、相手は動きやすくなります。

毎日行うことのワークにもある内容ですが、純粋な関心を持って行ってください。

❶仕事相手の情報を知っておく
❷自分の信念を書き出し、唱える
❸相手より先に、より深く、「ありがとう」の氣持ちを込めて礼をする
❹自分の周りの人やお客様への目配り、氣配りを意識して行う
❺仕事相手に対して「大好きです」という氣持ちで接する

06 友人や仲間と接する時に行うこと

あなたは大事な人にどんなプラスの感情を抱いてほしいですか？
そのために、あなたはどんな言葉や行動をしますか？
大事な人、抱いてほしい感情、そのための言葉や行動を書き出してみてください。
書き出したことは日々できていますか？
もしできていないことがあったら、言葉や行動を変えてみてください。

例えば、大事なパトナーに「大好き」と思ってもらうために、あなたが日々「大好き」という氣持ちで接しているでしょうか。もしくは、実際に伝えているでしょうか。

日々、自分の言葉や行動について深く考えないかもしれません。
一言に、一挙手一投足に思いを込めることが、成功につながっていきます。

07 ここ一番という時に行うこと

ここ一番という勝負時に、ぜひやってみてほしいことがあります。

❶身体にエネルギーを充満させる

全身を拳で軽く叩き、全身にエネルギーを充満させます。

❷礼儀作法の力

相手より先に、より深く、「ありがとう」の氣持ちを込めて礼をします。

❸応援者の力を借りる方法

ここ一番という時に必要な力や知恵、話し方、感情などを具体的にイメージして、そのイメージを潜在意識に入れます（具体的な方法は第4章の「応援者の力を借りる方法」を参照）。

❹共通の敵をつくると仲間とつながれる（コラボレーション法）

1．あなたの仕事の敵は何かを明確にしましょう敵は人や団体ではなく、傾向や事象などが主な敵になります。例えば「地球温暖化」「人権問題」「格差社会」などです。

2. それを敵にした時に、誰と連帯できるかを考えましょう

もしまだ彼らと協力関係ができていないなら、お互いの利益を考えてコラボしましょう。そしてスローガンを「○○を阻止して○○をしよう」としてみてください。

COLUMN

体に訊ける範囲はどこまで？

PQSを使うと身体からいろいろなことを訊くことができます。

２章にも書きましたが身体に訊けるのは自分の潜在意識の情報のこともありますし、それ以上の情報の時もあります。

よく「それ以上の情報ってどんなことがあるのですか？」という質問を受けます。

一つ面白い体験をしましたのでご紹介します。先日私はベラルーシという国を訪問しました。乗り換えでアブダビ空港に降り立った時のこと。なんと私の荷物だけ別の飛行機に乗せられてどこかへ行ってしまったのです。

担当者は「まだ荷物の情報は入りません」と冷たい返事。

それで私の身体に訊くことにしました。すると身体はフランスを指すではありませんか。

「これは時間がかかるな」と思っている矢先に担当者の方が来て「あなたの荷物はフランスのシャルル・ド・ゴール空港まで行ってしまいました」と。「ええ、知っています」というと担当者はキョトンとした顔をしていました。

そんなバカな、と思うかもしれませんが、身体に訊くというのはこれほどいろんなことに使えるのです。

ぜひ皆さんもいろいろと試してみてください。

最初はうまくいかないかと思いますが慣れてくると、とてもおもしろい発見があるはずです。

その時に自分が大きなものとつながっている事を実感できることでしょう

［ 第 8 章 ］

オリジナルの成功法則を作る

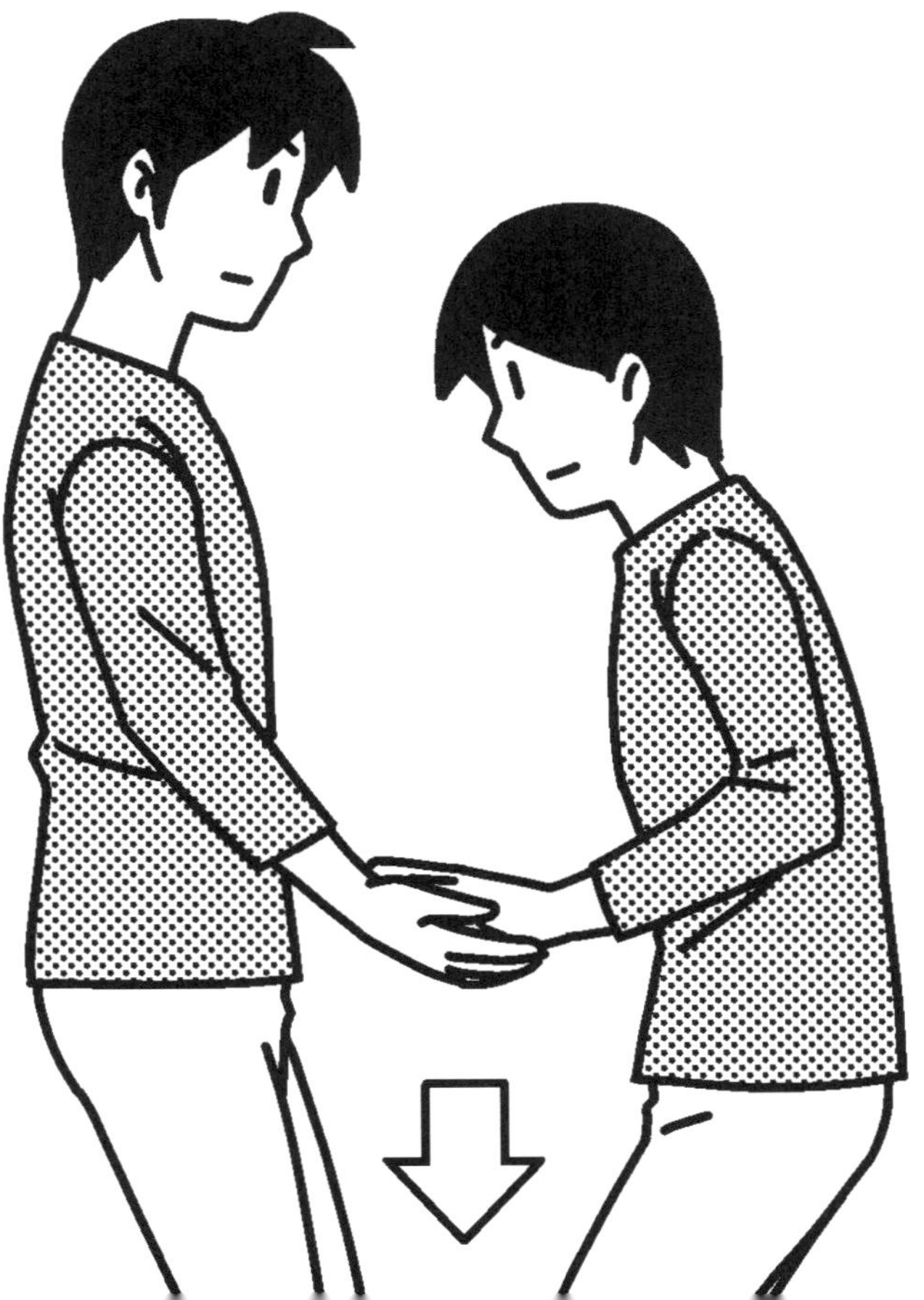

01 4ステップで作れる成功法則

この章では、オリジナルの成功法則をつくるために筋肉の生体反応機能をどのように活用するかや注意事項をお伝えしていきます。

身体の状態によって、正確な判断ができない場合もあります。

特に焦っていたり、落ち込んでいたり、「負の感情」があると影響されます。

(1) 身体の状態を把握する

筋肉の生体反応機能で確認を行う前に、自分自身の身体の状態を確認しましょう。

特に次の場合は、質問はやめてリラックスできる環境に移動して身体を休め、あらためて時間をおいて確認することが必要です。

❶事実に対して「No」が出る場合

(例)(男性が)私は男性です↓Yes反応が出ない

❷比較して聞いているのに、強さが変わらない場合

（例）Aを達成するために、XとYだったらどちらが必要ですか？↓XとYともに「Yes／Nоの強さ」が変わらない。

このような現象が起こる時は、身体自体が質問を受け付けない状態にあります。

（2）「成功」の定義をする

一人ひとりで「成功の定義」は違います。

あなたにとっての成功の定義とは何かを明確にしてみましょう。

言葉へのストレスを知る

過去の体験から「言葉に対するストレス」がかかる場合があります。

ストレスのかかる言葉は、あなたがエネルギーを出すことができない言葉です。

世間一般的には、行動したり成功の状態を示す言葉であっても、あなたにとってはストレスがかかる言葉であったりします。

ストレスがかかる言葉には、ネガティブなイメージを潜在意識に刷り込んだ結果起こります。

なぜならば、その時味わった感情も一緒についているからです。

（例）営業が好きです↓Ｙｅｓ反応が出ない（Ｎｏ反応が出る）

その場合は、人脈づくり・クロージングなど、違う言葉でチェックしてみましょう。


よくあるケースが「子供の頃『勉強しろ』ばかり言われてきた」です。

「勉強が好き」を「学習が好き」や「学ぶことが好き」に変える、つまり同じ意味を示す言葉に置き換えるだけで身体の反応が変わります。

イメージへのストレスを知る

「言葉からイメージする状態」にストレスを感じる場合もあります。

「成功する」「お金を稼ぐ」イメージにストレスがかかるのです。

例えば「成功する」は「成功していない自分をイメージする反応言葉」であったり、「お金を稼ぐ」は「お金に対して何となく汚いイメージを持っている」ことが原因です。


あなたにとって、**エネルギーの高くなる言葉で「成功の定義」**をしてみましょう。

例えば、

「仲間に囲まれ、笑顔で社会貢献している」

「自由な時間をつくることで、世界中を飛び回っている」

などです。

「成功の定義」が出来上がったら、もう一度身体に訊いてみましょう。

(3) 目標を設定する

目標達成期間も人それぞれです。

大きな目標・長期的な目標を持ったほうが良い人、小さな目標達成を繰り返すために短期的な目標を積み重ねたほうが良い人がいます。

どちらがいいのかは、**比較してみること**です。

「私は、長期目標と短期目標なら、短期目標を立てたほうが目標を達成しやすいですか？」
「それとも長期目標を立てたほうが目標を達成しやすいですか？」

を訊き、さらに具体的な期日を訊きます。

「○年○月時点での達成目標を設定したほうが目標達成しやすいですか？」

目標達成期間の行動書き出し

期日が明確化したら、その期日までに「達成したいこと」「やりたいこと」を書き出しましょう。

ここで注意することは、**「したいこと・やりたいこと」を書き出すこと**です。「しなければならない・やらなければならない」はストレスがかかりやすくなります。できるだけたくさん、まずは書き出しましょう。

おすすめは「付箋」を使うことです。

大きめの付箋に、1枚につき1項目書き出します。

目標達成期間の行動確認

書き出した行動をひとつずつ確認しましょう。

「私が『一文にした成功の定義』に近づくために、この行動が必要ですか？」

（4）行動化し検証する

実際に行動化するには、少しだけ工夫が必要です。

リスト化して、明日の行動を前日夜に決める、朝一番に決めるなどです。

「習慣化」していきますが、習慣化の方法も身体に訊いてみましょう。

さらに、行動してみて「何がうまくいったのか？」を検証することも大切です。「もっとうまく・効率的に行動するには？」に磨きをかけます。

こうして磨きのかかったものが、あなたの成功法則となり、他の行動や考え方に応用していくと「上手く・効率的に成果につながる方法」となっていきます。

また逆に「うまくいかなかったこと」もヒントになります。

「どのようにすればうまくいくのか？」をリストアップし、身体に訊いていくだけです。

「どのようにすればうまくいくのか？」の改善を繰り返していくうちに、成長の実感を伴うこととなります。

さらに、目標達成期日が近づいて来たら、次の目標達成期日を設定し、行動を決め、検証していく。

この繰り返しが、あなたを「成功と定義した状態」に近づけていきます。

謝辞

本書を最後までお読みいただき、ありがとうございます。
きっとこの本を読んだあなたは、実際に体感して驚かれたことでしょう。
私たちの身体は未だ知られていない力を秘めているのです。

目標を達成するには、自分のエネルギーをコントロールすることが大事です。
そしてその第一歩が、自分の体に訊くことです。
身体に訊くことは、シンプルですが奥が深いです。
なぜなら「Ｙｅｓ／Ｎｏで答えられる質問」が必要だからです。

これも慣れの問題で、日常で試し続けることによって、少しずつ習慣化していきます。
「そんなことに使えるのか？」とあなたは思うかもしれませんが、例えば「私の身体の疲れを癒す夕食は何ですか？」「ラーメンですか？　刺身ですか？　ステーキですか？」といったことにも使えます。

身体とのコミュニケーションを常日頃から行うことで、潜在意識とアクセスしやすくなっていきます。

本書は、イラストや写真を入れてはありますが、文章で説明するのは難しいと感じました。

そこで、レノンリーがあなたに語りかけるように伝えるための動画「動画によるレノンリーの解説」を本書の付録としました。

レノンリーが実際にあなたに動画を通じてメッセージを伝えますので、ぜひご覧になってください。

より一層の理解が深まるはずです。

最後に、この本は株式会社ケイズパートナーズの山田稔さんとの出会いがなければ完成しませんでした。深く感謝申し上げます。そして編集の串田真洋さんにもご支援いただきました。ありがとうございました。

イラストを担当してくださったよみクリエイトさんにも感謝いたします。

２０１７年1月　レノンリー・佐々木孝

「メラビアンの法則」があります。

この法則を応用して、提供する情報の割合を示すと、「文字情報は7％」「音声情報は38％」「視覚情報は55％」となります。

本は文字情報のみです。

言葉の意味付けも人によって変わるので、私たちの伝えたい意味が伝わらない可能性もあります。

そこで本書では、レノンリーがあなたに語りかけるように伝えるための動画「動画によるレノンリーの解説」を付録としました。

これで音声情報＋視覚情報が揃うこととなり、あなたの「体感できる成功法則」への理解が深まります。

本書と併せてご覧いただくことで、私たちの伝えたいことがあなたに伝わると思います。

理解度の割合（メラビアンの法則から）

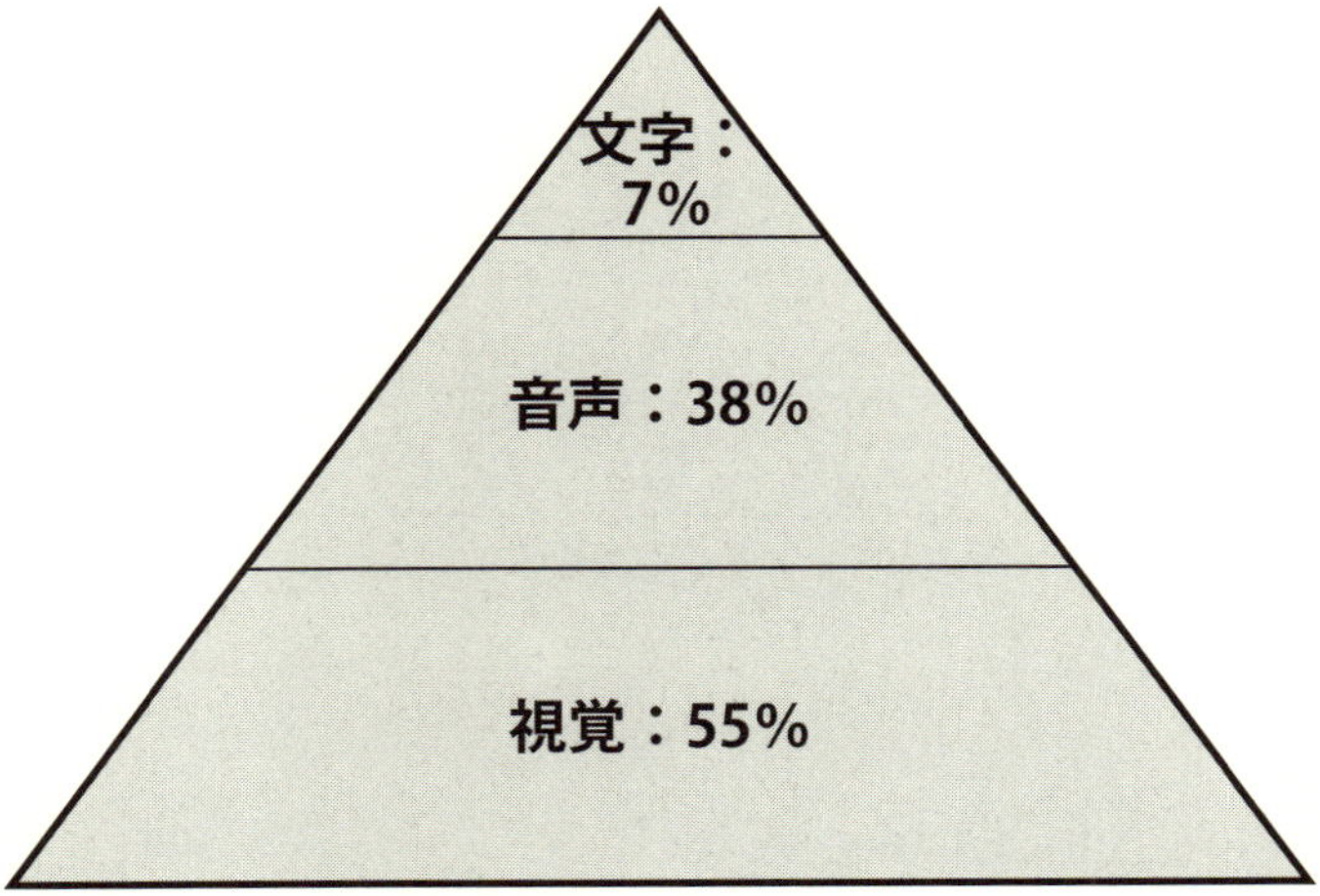

著者紹介

レノンリー（李隆吉）

一般社団法人国際徳育協会最高顧問
（社）志教育プロジェクト実行委員長
有限会社ＬＮＳ代表取締役
合同会社武藝団代表社員
国際武術格闘技連盟会長
一般社団法人メキキの会大阪代表

１９７１年　兵庫県伊丹市生まれ
　文科省認定日本体育協会第一期スポーツリーダー
２０１１年　ＪＣＩ世界会頭セクレタリーチーム
２００５・２００６年　のじぎく国体武術競技金メダル
２００９年　国際武術大会チャンピオン（香港）
２０１０年　世界伝統武術大会チャンピオン（中国）

青年会議所・国際青年会議所（ＪＣＩ）の活動を通じ、世界を回りながら、ビル・クリントン前大統領、世界的投資家のジョージ・ソロスなどのコーチングを行った世界No・1コーチや世界トップの成功者に会いに行き、研究。

「より善い世の中を創る指導者を育成するため」の仕組みを創り上げ、普及することを決意し、「一般社団法人国際徳育協会」を立ち上げる。

2010年の世界キネシオロジー大会では武学医術、そして2013年のバリで行われたブレインジム世界大会では心医六合功、十四経絡体術などの2500年封印されてきた英知を一般に公開し、世界トップの医療家たちの注目を集めることとなる。

ロータリークラブ、三菱東京UFJ銀行、税理士会、社労士会、行政書士会など士業団体や経営者を中心にさまざまな階層の人々に対して全国各地で研修やセミナーを行っている。

レノンリー公式サイト

http://rennonlee.com/

一般社団法人国際徳育協会

兵庫県神戸市兵庫区中道通2-1-15ポムドテール2階

佐々木孝
１９６１年生まれ。宮城県仙台市在住
一般社団法人国際徳育協会　事業部長
（社）志教育プロジェクト　執行役員
成功・起業コンサルタント
コンサルティング、不動産賃貸業、通信販売、店舗経営、ソーシャルビジネスなど7つのビジネスを経営する起業家

27歳でシステムエンジニアとしてコンピュータソフト会社を創業。システムエンジニアをしているうちに、会社は仕組みで動いていることに氣づき、その仕組みを解析して複数の起業に成功。さらに社会も仕組みで動いていることに氣づき、世の中の仕組みを良くするため2つのソーシャルビジネスを立ち上げる。

ソーシャルビジネスでも本を出版、テレビ出演、新聞掲載、講演多数。

成功・起業コンサルタントとしても活動中。

コンサルティングのサイト　http://sikumiya.com/（しくみやドットコム）
宮城県仙台市泉区長命ヶ丘３-27-３　オメガコートビル１F

参考書

参照：「タッチフォーヘルス」
ジョン・シー＆マシューシー、翻訳監修石丸賢一

参照「マインド・タイム　脳と意識の時間」
ベンジャミン・リベット著　下條伸輔・訳　岩波書店

読んで納得、やって体感

人生を大きく飛躍させる成功ワーク

2017年4月24日　初版第一刷発行

著　者　レノンリー、佐々木孝
発行者　宮下晴樹
発　行　つた書房株式会社
〒101-0025　東京都千代田区神田佐久間町3-21-5　ヒガシカンダビル3F
TEL. 03（6868）4254
発　売　株式会社創英社／三省堂書店
〒101-0051　東京都千代田区神田神保町1-1
TEL. 03（3291）2295
印刷／製本　シナノ印刷株式会社

ISBN978-4-905084-20-4